중국어 문법론

박 기 현

인제대학교 출판부

들어가기

외국어를 배우는데 있어서 문법은 핵심적인 부분이다. 하지만 학습단계와 목표에 따라 문법에 대한 다양한 접근이 가능하다. 외국어 학습이나 공인시험성적을 위한 실용적인 접근도 필요하지만 고급 단계의 학생에게는 체계적이고 이론적인 접근도 필요하다. 현재 한국에는 많은 중국어 문법서가 나와 있지만 대개는 실용적인 접근에 치우쳐 있으며 체계적이고 이론적인 접근을 위해서는 주로 역서나 원서에 의존해야 했다. 이에 이 책은 고급 단계의 학생들에게 중국어문법에 대한 체계적이고 이론적인 접근로를 제공하고자 한다.

이 책은 중국어 문법 전반을 체계적이고 이론적으로 접근하는데 목표를 두고 있지만 실용성도 충분히 고려했다. 한편으로는 문법이 무엇인가라는 추상적인 물음에서 시작해서 쉽고 반복적인 설명으로 중국어 문법의 큰 틀을 이해할 수 있도록 했다. 다른 한편으로는 고급 단계에서 실제 사용될 수 있는 예문을 많이 사용했으며 자주 쓰이는 단어나 구문은 따로 떼어내 설명함으로써 필요한 부분만 찾아보기 편하도록 했다.

하지만 이 책의 한계도 명확하다. 말속에 숨겨진 문법을 찾아내는 것도 쉽지 않은 작업이고 이것을 간단명료하게 풀어내는 것도 쉽지 않은 작업이다. 어떤 언어의 문법이든 그렇겠지만 특히 중국어 문법에서는 그 어려움이 두드러진다. 가장 정확한 단어의 의미와 기능, 단어 조합 규칙은 그 말을 모국어로 사용하는 사람들이 사용하는 말 자체에 담겨 있다. 독자가 이 책을 통해 중국어를 배운다기보다는 이미 알고 있는 바를 정리하고 체계화시키는 도구로 활용하길 바란다.

처음에는 수업에 쓰일 교재를 만들고 싶다는 욕심에서 시작한 작업이지만 결국은 저자의 부족함만 드러내고 말았다. 그럼에도 책의 초고를 꼼꼼히 읽고 소중한 의견을 내 준 庞晨光 선생님, 김영민 선생님 그리고 최혜정 선생님께 감사의 마음을 전하고 싶다.

목 차

1. 총론 • 9

2. 품사 · 54

3. 문장성분 · 160

5. 특수한 구문 · 257

1 총론

1.1 문법(语法)이란

1.1.1 문법의 정의

문법(语法)이란 무엇인가? 문법이라는 말은 우리가 학교를 다니면서, 외국어를 배우면서 수없이 들어왔던 익숙한 말이다. 하지만 '문법이 무엇인가'라고 누군가 묻는다면 그리 쉽게 답할 수 없는 것 또한 사실이다. 그러면 문법을 사전적으로는 어떻게 정의하고 있을까? 국어사전(동아 새 국어사전, 1994)에서는 문법(文法)의 뜻을 다음과 같이 풀이하고 있다.

1. 문장 구성의 법칙
2. 말소리나 단어, 문장, 어휘 등에 관한 일정한 규칙

그리고 중국사전(现代汉语词典, 2007)에서는 문법(语法)의 뜻을 다음과 같이 풀이하고 있다.

1. 단어의 구성과 변화, 구와 문장의 구조를 포함하는 언어의 구조방식(语言的结构方式，包括词的构成和变化与词组和句子的组织)

2. 문법연구(语法研究)

이런 사전적인 정의를 참고해 우리는 문법을 간단하게 다음과 같이 정의하고자 한다.

말이 구성되는 방식 혹은 말 속에 담긴 규칙

여기에는 말의 두 가지 측면이 포함되어 있는데 하나는 말이 구성되는 측면이고 다른 하나는 말이 분석되는 측면이다. 교육을 통해 어떤 말을 배울 때는 보통 말이 구성되는 측면에 더 관심을 가진다. 하지만 말이 구성되는 방식이란 결국 말 속에 담긴 규칙을 통해 얻어진 것이기 때문에 말이 분석되는 측면도 중요한 의미를 가진다. 결국 문법이란 문장의 구성과 문장의 분석이라는 두 가지 각도에서 설명이 가능하다.

1.1.2 문장의 구성과 분석

그렇다면 문장은 어떻게 구성되는가? 우리가 쓰는 문장은 아주 짧을 수도 있고 또 무한히 길 수도 있지만 어떤 경우라도 문장은 단어(혹은 단어보다 작은 조각)들이 모여서 이루어진다는 데는 변함이 없다. 그리고 중요한 사실은 이런 단어들이 아무렇게나 모여 문장을 이루는 것이 아니라 일정한 규칙에 따라야만 제대로 된 문장이 나온다는 것이다. 우리가 모국어를 구사할 때는 규칙의 존재를 의식하기 힘들지만 이는 규칙이 존재하지 않아서가 아니라 어려서부터 오랜 시간동안 규칙을 자연스럽게 습득하였기 때문에 너무 익숙해져서 그 존재를 인식하기 어려울 뿐이다.

예를 들면 한국어를 모국어로 하는 사람이라면 문법에 관한 교육을 전혀 받지 못했다고 해도 '먹다'와 '먹히다'의 차이를 분명히 알고 있으며 실제 문장에서도 적절하게 사용할 수 있다. 설사 그 차이를 명확하게 인식하고 체계적으로 설명할 수는 없더라도 말이다. 반면 우리에게 익숙하지 않은 외국어를 구사할 때는 그 말 속의 규칙의 존재를 쉽게 의식할 수 있다. 외국어를 구사하기 위해 단어더미와 규칙 사이에서 길을 잃고 헤매고 있는 자신을 쉽게 발견할 수 있기 때문이다. 우리가 외국어를 배우는 과정도 바로 단어를 배우고 이런 단어들을 조합해 좀 더 큰 단위인 문장을 이루는 규칙을 배우는 것이다. 대개 단어는 사전에 정리되어 있고 단어를 연결하는 규칙은 문법책으로 정리되어 있어 우리는 사전과 문법책이라는 두 가지 도구를 이용해서 외국어를 배우게 된다.

만약 '나는 저녁밥을 먹는다'라는 한국어 문장을 중국어로 표현하고자 한다면 우선 '나', '저녁밥', '먹다'에 해당하는 중국어 단어를 찾아내야 할 것이며 그런 다음 이들을 규칙에 맞게 적절하게 조합하여 문장을 완성해야 할 것이다. '나', '저녁밥', '먹다'에 해당하는 중국어 단어 我, 晚饭, 吃를 조합할 수 있는 방법은 많다.

(1) 我晚饭吃
(2) 我吃晚饭
(3) 晚饭我吃
(4) 晚饭吃我
(5) 吃晚饭我
(6) 吃我晚饭

하지만 가장 적절한 표현은 (2)가 될 것이며 여기서 我, 晚饭, 吃 등 세 개의 단어가 '누가(S)+하다(V)+무엇을(O)'의 순으로 배열되어 있음을 안

다면 이를 근거로 더 많은 문장들을 만들어 낼 수도 있다.1)

(7) 我穿衣服。
나는 옷을 입는다.

(8) 你背课文。
너는 본문을 외운다.

(9) 他去学校。
그는 학교에 간다.

(10) 狗咬人。
개가 사람을 문다.

이와 같이 중국어에서는 '주어+동사+목적어'의 어순이 일반적이라는 사실 하나만으로도 많은 문장을 만들어 낼 수 있다.

실제로 사람들이 말할 수 있거나 들을 수 있는 문장의 수는 거의 무한할 정도로 많다. 하지만 무한히 많은 문장을 구성하는 규칙의 수는 무한하지 않다. 그래서 수많은 문장을 이루는 규칙인 문법을 파악함으로써 우리는 무한히 많은 문장을 통제할 수 있다. 사람들은 일반적으로 사전에 등재된 단어들을 유한한 규칙을 통해 조합하는 방법으로 무한히 많은 문장을 만들어 낸다. 즉 실제 문장의 수는 무한하지만 이 무한한 문장을 통제하는 규칙의 수는 유한하기 때문에 우리는 개별 문장을 하나하나 배울 필요 없이 단어와 단어들이 조합되는 규칙을 배움으로써 무한한 문장을 만들어낼 수 있다.

그렇다면 문장을 구성하는 규칙은 어디에서 나온 것인가? 그것은 이

---

1) S는 주어(Subject), V는 동사(Verb), O는 목적어(Object0의 약자로 이들 성분은 어느 언어에서나 문장구성에서 기본이 되는 것으로 이들이 어떤 순서로 나타나는지를 기준으로 어순을 논하곤 한다.

미 존재하는 문장을 분석해서 얻어진 것이다. 문장을 구성하는 입장에서 보면 문법이란 작은 단위가 큰 단위를 구성해나가는 과정에 쓰이는 규칙이라고 할 수 있다. 문장을 분석하는 입장에서 보면 문법이란 큰 단위를 좀 더 작은 단위로 나누어서 이들이 어떤 방법으로 결합해 있는지를 분석해 얻어낸 규칙이라고 할 수 있다. 말의 구성과 분석이라는 이 두 가지 측면은 누가 먼저 존재하고 누가 여기서 나타난 것인지는 명확하게 구분하기 힘들지만 모두 말의 본질을 설명하는데 있어서 필수적인 것들이다.

1.2 문법단위(语法单位)

1.2.1 문법단위란

사람들은 문장을 단위로 말을 하고 이렇게 발화(發話)된 문장은 작은 조각으로 나뉠 수 있다. 그리고 이 나누기는 한 번에 끝나는 것이 아니라 더 이상 나눌 수 없을 때까지 여러 번 반복될 수도 있다.

(11) 他的态度很明确。
그의 태도는 아주 명확하다.

중국어를 구사할 수 있는 사람이라면 누구라도 他的态度很明确라는 문장을 더 작은 조각으로 나눌 수 있다. 우리는 이 문장을 우선 他的态度와 很明确라는 두 부분으로 쉽게 나눌 수 있다. 그리고 他的态度는 다시 他的와 态度로, 很明确는 很과 明确로 나눌 수 있다. 다시 他的는 他와 的로, 态度는 态와 度로 明确는 明과 确로 나눌 수 있다. 여기까지 나누고 나면 더 이상 나눌 수 없으므로 他的态度很明确라는 문장은 결국 他, 的, 态, 度, 很, 明, 确 등 7조각까지 나눌 수 있다.

위에서처럼 문장은 단번에 가장 작은 조각으로 나뉘는게 아니기 때문에 문장 나누기의 각 단계에서 다양한 크기의 조각이 존재한다. 이렇게 문장을 작은 조각으로 나누는 과정의 각 단계에서 나온 조각들을 문법단위(语法单位)라고 한다. 중국어에서는 형태소(语素), 단어(词), 구(词组), 문장(句子) 등 네 가지의 문법단위를 설정할 수 있다. 예 (11)은 7개의 형태소, 5개의 단어, 2개의 구, 1개의 문장으로 이루어져 있다. 각 문법단위에 대해서는 아래에서 자세하게 알아보자.

1.2.2 형태소(语素)

1) 형태소란: 형태소란 의미가 있는 가장 작은 문법단위를 가리킨다. 언급한 바와 같이 문장은 좀 더 작은 조각으로 나누어질 수 있는데 예를 들면 (7)의 我穿衣服는 我, 穿과 衣服의 세 조각으로 나누어질 수 있다. 이들은 모두 의미가 있고 따로 떨어져 쓰일 수 있다. 하지만 이들 간에는 차이점도 있는데 我와 穿은 하나의 글자로 이루어져 있어 더 이상 나눌 수 없지만 衣服는 두 개의 글자로 이루어져 있어 다시 衣와 服로 나눌 수 있다. 여기서 衣와 服 각각은 역시 의미가 있고 더 이상 나눌 수는 없다. 문장을 의미가 있는 가장 작은 조각으로 나누어 나온 我, 穿, 衣, 服 등이 모두 형태소이다. 이렇게 문장을 더 이상 나눌 수 없을 때까지 분석해서 얻어지는 단위, 즉 의미가 있는 가장 작은 문법단위가 형태소(语素)이다.

2) 형태소와 한자: 중국어의 한자(汉字)는 대개 하나 하나가 고유의 발음과 의미를 가지고 있고 더 이상 분석될 수 없으므로 하나의 형태소이

다. 예를 들면 (7)의 我穿衣服이라는 중국어 문장은 我, 穿, 衣, 服 등 네 개의 한자로 이루어진 동시에 네 개의 형태소로 이루어져 있다. 일반적으로 하나의 한자는 바로 하나의 형태소이다.

하지만 일부 한자는 홀로 의미를 가지지 못하고 다른 한자와 결합해야 의미를 가지는 경우도 있다. 이런 한자는 형태소의 자격을 갖지 못한다. 예를 들면 葡萄에서 葡와 萄 각각의 한자는 고유의 발음은 가지고 있으나 의미를 가지고 있지 않고 葡와 萄가 합쳐져야지만 '포도'라는 하나의 의미를 가지게 된다. 따라서 葡萄는 두 개의 한자로 이루어져 있지만 하나의 형태소이다. 咖啡(커피), 沙发(소파), 马达(모터), 巧克利(초콜릿) 등 음차(音借)를 통해 이루어진 단어들도 둘 이상의 한자로 이루어져 있지만 개별 한자 각각은 의미가 없고 둘 혹은 둘 이상의 한자가 합쳐져야만 하나의 의미를 가지게 된다. 따라서 이들 단어는 둘 이상의 한자가 모여서 하나의 형태소를 이룬다.

경우에 따라 하나의 한자가 형태소로 쓰일 수도 그렇지 않을 수도 있다. 예를 들면 沙发에서 沙와 发 각각은 의미가 없이 소리만 빌려주고 있으며 둘이 합쳐져야 '소파'라는 하나의 의미를 가진다. 따라서 이런 경우 沙와 发는 형태소가 아니다. 하지만 沙漠나 发展 등에서 沙와 发는 모두 각각 의미를 가지고 형태소로 쓰이고 있다.

3) **형태소의 분류**: 형태소보다 한 단계 큰 문법단위가 단어이다. 형태소는 가장 작은, 의미가 있는 문법단위이고 단어는 가장 작은, 의미가 있는, 홀로 사용될 수 있는 문법단위이다. 형태소는 단어와의 관계에 근거해 크게 두 가지로 분류할 수 있는데 자체가 하나의 단어가 될 수 있는 형태소를 자립형태소(成词语素) 그렇지 못한 형태소를 의존형태소(不成词语素)라고 한다.

① 의존형태소(不成词语素) : 자체로는 단어가 될 수 없어 다른 형태소와 결합해 단어를 이룬다. 예를 들면 衣는 문장 내에서 홀로 쓰이지 못하고 다른 형태소와 결합해 단어를 이룬 후에야 문장 내에서 홀로 쓰일 수 있다.

衣+X: 衣服　衣裳　衣架
X+衣: 大衣　成衣　皮衣

현대 중국어[2)]에서 衣는 홀로 문장에 쓰이지 못하고 다른 형태소와 衣服, 衣裳, 衣架, 大衣, 成衣, 皮衣 등의 형태를 이루어야 문장에 쓰일 수 있기 때문에 의존형태소이다. 民, 丽, 史, 们 등도 의존형태소로 문장 내에서 홀로 쓰이지 못하고 다른 형태소와 결합해 단어를 이룬 후에만 문장 내에 쓰일 수 있다.

民: 人民　民间　民众
丽: 美丽　秀丽　丽人
史: 历史　史料　史书
们: 我们　他们　朋友们

② 자립형태소(成词语素): 자립형태소는 자체가 하나의 단어로 쓰일 수도 있고 또 다른 형태소와 새로운 단어를 만들기도 한다. 예를 들면 穿은 我穿衣服에서처럼 문장 내에서 다른 형태소에 의존함이 없이 홀로 쓰

2) 중국어(汉语)는 오랜 시간에 걸쳐 넓은 지역에서 사용해온 언어로 현대중국어(现代汉语)와 고대중국어(古代汉语), 표준어(普通话)와 방언(方言), 서면어(书面语)와 구어(口语) 등의 구분이 가능하다. 이 책에서 중국어란 별도의 언급이 없는 한 현대중국어 표준어를 의미하며 필요한 경우 서면어와 구어를 구분할 것이다.

일 수 있기 때문에 자립형태소이다. 자립형태소 穿은 我穿衣服에서처럼 문장 내에서 홀로 쓰일 수도 있지만 穿着，穿戴，贯穿，揭穿 등 단어에서처럼 다른 형태소와 함께 새로운 단어를 만들기도 한다.

人, 美, 书, 看 등도 자립형태소로 자체가 하나의 단어로 쓰일 수도 있고 또 다른 형태소와 새로운 단어를 만들기도 한다. 다음은 이들 형태소가 단어로 쓰인 경우이다.

(12) 他就是这样的人。

그는 바로 이런 사람이다.

(13) 桂林的风景特别美。

계림의 경치는 아주 아름답다.

(14) 我给你一本书吧。

내가 너에게 책 한권을 주마.

(15) 他很喜欢看电视。

그는 TV보는 것을 아주 좋아한다.

다음은 人, 美, 书, 看 등 형태소가 다른 형태소와 단어를 구성하는 경우이다.

人: 人民　人品　大人　个人主义

美: 美丽　美人　秀美　审美

书: 书包　书面语　史书　丛书

看: 看穿　看法　好看　难看

1.2.3 단어(词)

1) **단어란**: 단어는 의미가 있는, 홀로 사용될 수 있는 가장 작은 문법단위이다. 我穿衣服는 我, 穿, 衣服 등 세 개의 단어로 이루어져 있다. 단어는 형태소보다 한 단계 큰 문법단위로 자립형태소가 직접 단어를 이루기도 하고 형태소끼리 결합하여 단어를 이루기도 한다. 하지만 자립형태소라고 반드시 단어인 것은 아니다. 위에서처럼 자립형태소 穿은 단어로 쓰이기도 하지만 단어를 구성하는 형태소로 쓰이기도 한다.

2) **단어의 분류**: 단어는 하나의 형태소로 이루어질 수도 있고 둘 이상의 형태소로 이루어질 수도 있는데 하나의 형태소로 이루어진 단어는 단일어(单纯词), 둘 이상의 형태소로 이루어진 단어는 합성어(合成词)라고 한다.

단일어(单纯词)란 하나의 형태소로 이루어져 있어 더 이상 분석을 할 수 없는 단어를 가리킨다. 단일어는 人, 美, 书, 看 등처럼 대개 하나의 한자, 하나의 음절로 나타나지만 徘徊(배회하다)나 尼古丁(니코틴) 같은 예외도 있다. 徘徊나 尼古丁 같은 단어는 둘 이상의 한자로 이루어져 있지만 단어를 구성하는 한자 각각은 의미가 없으며 둘 혹은 세 개의 한자가 함께 모여야지만 하나의 의미를 가지게 된다. 따라서 이들 단어는 둘 이상의 한자로 이루어져 있지만 하나의 형태소이고 따라서 분석이 불가능한 단일어이다.

합성어(合成词)란 둘 이상의 형태소로 이루어져 있어 그 구조에 대한 분석이 가능한 단어를 가리킨다. 둘 이상의 형태소가 결합해 단어를 이룰 때 형태소의 성질이 다를 수 있는데 형태소 중에서도 실제적인 의미를 나타내고 다른 형태소와의 결합에 위치의 제약이 없는 형태소를 어근

(词根)이라고 한다.

衣: 衣服　连衣裙　上衣
人: 人民　主人公　病人

여기서 衣와 人은 다른 형태소와 함께 단어를 구성하는데 있어서 그 의미가 살아있고 다른 형태소의 앞에도, 뒤에도, 중간에도 올 수 있는 등 결합 위치에도 제약이 없으므로 어근이다. 하지만 일부 형태소는 의미가 그리 실제적이지 않고 다른 형태소와의 결합 시에 반드시 다른 형태소의 앞에만 위치하거나 뒤에만 위치하는 등 위치의 제약이 있는데 이런 형태소를 접사(词缀)라고 한다.

老: 老虎　老鼠　老玉米
子: 桌子　椅子　本子

여기서 老와 子는 다른 형태소와 함께 단어를 구성하는데 있어서 본래의 의미가 살아있지 않고 다른 형태소의 앞에만 위치하거나 뒤에만 위치하는 등 다른 형태소와 결합시 그 위치가 고정되어 있으므로 접사이다. 접사에는 다른 형태소의 앞에만 나타나는 접두사(前缀)와 다른 형태소의 뒤에만 나타나는 접미사(后缀) 두 가지가 있다.

접두사: 老　阿　可　小
접미사: 子　儿　头　然

합성어 중에서 어근과 어근이 결합해서 이루어진 단어를 복합어(复合

词)라고 하고 어근과 접사가 결합해서 이루어진 단어를 파생어(派生词)라고 한다. 따라서 단어는 다음과 같이 분류가 가능하다[3].

- 단어(词)
  - 단일어(单纯词)
  - 합성어(合成词)
    - 복합어(复合词)
    - 파생어(派生词)

3) **복합어**(复合词): 합성어 중에서도 복합어는 그 종류가 다양한데 단어를 구성하는 형태소의 의미와 관계에 따라 다음의 몇 가지로 나누어 볼 수 있다.

① 수식복합어: 앞에 있는 형태소가 뒤에 있는 형태소를 수식, 제한한다.

上衣　家长　手表　电话
雪白　笔直　小看　移植

예를 들면 上衣에서 上은 衣를 수식해서 단어 전체는 '윗 옷'이라는 뜻을 나타내며 雪白에서 雪는 白를 수식해서 '눈처럼 희다'라는 뜻을 나타낸다.

② 병렬복합어: 단어를 이루는 두 형태소가 주종(主從)이나 경중(輕重)의 구별 없이 결합되어 있다. 두 형태소의 의미가 같거나 비슷한 경우도 있고 의미가 상반되는 경우도 있으며 단순히 의미적으로 관련이 있는

3) 한국어에서도 단어의 분류체계 자체는 비슷하나 사용되는 명칭은 다르다. 한국어에서는 보통 단어를 단일어와 복합어로 나누고 복합어를 다시 합성어와 파생어로 나눈다.

경우도 있다.

의미가 비슷한 경우: 生产　英俊　道路　帮助
의미가 반대인 경우: 大小　开关　始终　买卖
의미가 관련된 경우: 岁月　人民　国家　江山

예를 들면 生产은 의미가 비슷한 두 형태소가 어떤 것이 주를 이루고 다른 것이 따라가거나 어떤 것이 더 무겁고 어떤 것은 더 가벼운 등의 구별이 없이 병렬되어 한 단어를 이루고 있다. 大小 등은 의미가 정반대인 두 형태소가 단순히 모여 한 단어를 이루고 있으며 岁月 등은 단순히 의미적으로 관련된 두 형태소가 모여 한 단어를 이루고 있다.

③ 서술복합어: 앞에 있는 형태소가 어떻다는 것을 뒤에 있는 형태소가 서술해 준다.

胆小　民办　民主　性急
心疼　年轻　地震　自觉

예를 들면 胆小에서 胆이 어떻다는 것을 小가 서술해 주며 단어 전체는 '담이 작다', '겁이 많다'라는 뜻을 나타낸다. 또 心疼에서 心이 어떻다는 것을 疼이 서술해 주며 단어 전체는 '마음이 아프다'라는 뜻을 나타낸다.

④ 지배복합어: 앞에 있는 형태소가 동작을 나타내고 뒤에 있는 형태소는 이 동작의 지배를 받는 대상을 나타낸다.

破产　出席　鼓掌　动员
司机　主席　理事　感人

예를 들면 破产에서 破는 '깨지다'라는 동작을 나타내고 产은 '재산'이라는 동작의 지배를 받는 사물을 나타내어 단어 전체는 '재산이 깨지다', '파산하다'라는 뜻을 나타낸다. 또 司机에서 司는 '조작하다', '진행하다'라는 동작을 나타내고 机는 '기계'라는 동작의 지배를 받는 사물을 나타내어 단어 전체는 '기계를 조작하다', '기계를 조작하는 사람'이라는 뜻을 나타낸다.

⑤ 보충복합어: 앞에 있는 형태소가 동작을 나타내고 뒤에 있는 형태소는 이 동작을 보충 설명한다.

说明　提高　扩大　展开
推翻　打倒　立正　改善

예를 들면 说明에서 说는 동작을 나타내고 明은 이 동작을 보충 설명해서 단어 전체는 '말해서 명확하게 만들다', '설명하다'라는 뜻을 나타낸다. 또 推翻에서 推는 동작을 나타내고 翻은 이 동작을 보충 설명해서 단어 전체는 '밀어서 뒤집다'라는 뜻을 나타낸다.

⑥ 중첩복합어: 단순히 같은 형태소가 중첩(重叠)되어 하나의 단어를 이룬다.

爸爸　宝宝　星星　娃娃
往往　常常　偏偏　渐渐

爸爸, 往往 등은 같은 형태소가 한 번 더 쓰여 하나의 단어를 이루고 있다.

4) **파생어**(派生词): 접사에는 어근의 앞에 붙는 접두사(前缀)와 어근의 뒤에 붙는 접미사(后缀)가 있다. 중국어에서 접두사에 의한 파생은 많지 않고 대부분은 접미사에 의한 파생이다.

① 접두파생: 접두사에 어근이 결합해 파생어를 이룬다.

老: 老师　老鼠　老虎　老婆
阿: 阿姨　阿伯　阿爷　阿公
可: 可笑　可惜　可怜　可观

여기서 老, 阿, 可 등은 글자 본래의 의미가 살아있지 않고 그 위치도 항상 다른 형태소의 앞으로 고정되어 있다.

② 접미파생: 어근에 접미사가 결합해 파생어를 이룬다.

子: 椅子　桌子　胖子　小子
头: 石头　骨头　看头　甜头
儿: 花儿　盖儿　尖儿　头儿

여기서 子, 头, 儿 등도 역시 본래의 의미가 살아있지 않고 그 위치도 항상 다른 형태소의 뒤로 고정되어 있다.

주의할 점은 하나의 한자가 여러 가지 신분으로 쓰일 수 있다는 것이다. 예를 들면 老는 분명 하나의 형태소이다. 이 형태소는 자립형태소로 단어의 자격으로 문장에 홀로 쓰이기도 한다.

(16) 这所房子太老了。
이 집은 너무 낡았다.

또 老는 다른 형태소와 함께 새로운 단어를 만들기도 한다. 여기에도 두 가지 경우가 있는데 복합어를 구성하기도 하고 파생어를 구성하기도 한다. 우선 老는 어근으로 쓰여 다른 어근과 함께 복합어를 형성하기도 한다.

老人　老路　半老　古老　养老院

여기서 老는 '늙은', '오래된'이라는 본래의 의미가 살아있고 다른 형태소와 결합할 때 위치에도 제약이 없어 어근으로 쓰인 것이다. 하지만 老는 접미사로 쓰여 다른 형태소와 함께 파생어를 형성하기도 한다. 예를 들면 老师, 老鼠, 老虎 등에서는 본래 의미가 살아있지 않고 다른 형태소 앞에만 쓰이는 접두사로 쓰이고 있다. 이렇듯 老는 단어로도, 자립형태소로도, 의존형태소로도 쓰일 수 있다. 따라서 한 형태소가 독립된 단어인지, 또 단어를 구성하는 형태소인지, 형태소 중에서도 어근인지 접사인지 등을 알기 위해서는 글자 자체만을 따로 봐서는 안되고 어떤 환경에서 어떤 의미로 쓰이는가를 살펴봐야 한다.

5) **복잡한 단어**: 위에서는 주로 두 개의 형태소로 이루어진 이음절 단어의 구조에 대해 살펴보았고 이런 단어는 비교적 간단하게 그 구조를 알 수 있다. 하지만 단어의 구조가 복잡해서 단 번에 그 구조를 파악할 수

없는 경우도 있다.

① 다음절어: 복잡한 단어의 예로 우선 다음절로 이루어진 단어를 들 수 있다. 예를 들면 洗衣机라는 단어는 세 개의 형태소로 이루어져 있는 삼음절 단어로 단번에 그 구조를 분석해낼 수 없다. 이런 경우 세 형태소를 일단 두 부분으로 나누어 구조를 분석하고 남은 부분을 분석하는 단계적인 접근법을 취한다. 우선 洗衣机라는 단어는 洗衣와 机의 두 부분으로 나눌 수 있고 두 부분은 수식관계로 연결되어 있다. 그리고 洗衣는 다시 지배관계로 연결되어 있다. 이를 그림으로 다음과 같이 나타낼 수 있다.

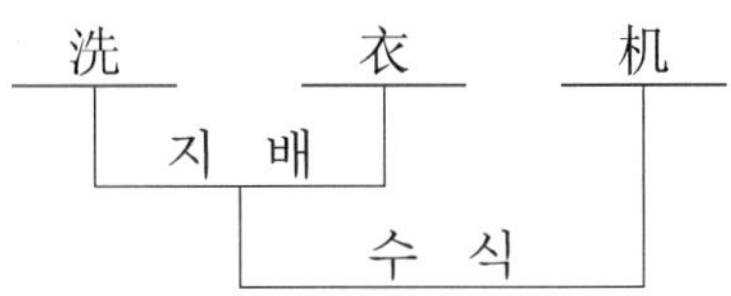

또 네 개의 형태소로 이루어져 있는 사음절 단어인 汉语教材를 예로 들면 汉语教材는 우선 汉语와 教材 두 부분으로 분석할 수 있고 이 두 부분간의 관계는 수식관계이다. 汉语에서 汉과 语는 다시 수식관계이고 教材에서 教와 材도 수식관계이다. 따라서 마찬가지로 이런 관계를 그림으로 다음과 같이 나타낼 수 있다.

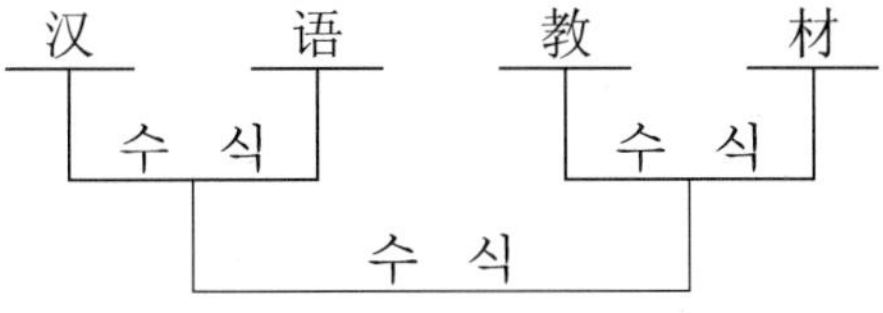

이렇듯 한 단계 한 단계씩 분석하면 복잡한 단어의 구조를 쉽게 알 수 있는데 이런 분석법은 다른 문법단위의 분석에도 활용될 수 있다.

② 약칭(简称): 복잡한 단어에는 긴 이름이나 병렬구조를 줄여 만든 약칭(简称)도 있다. 긴 이름을 줄이는 데는 각 부분에서 일정하게 떼어내 줄이기도 한다.

> 家用电器(가정용전기제품) → 家电(가전)
> 北京大学(북경대학) → 北大(북대)

그리고 앞이나 뒤에서 일부만 떼어내거나 불규칙하게 떼어내 줄이기도 한다.

> 清华大学(청화대학) → 清华(청화)
> 奥林匹克委员会(올림픽위원회) → 奥委会(올림픽위)

병렬구조를 숫자와 결합시켜 약칭을 만들기도 한다.

> 三好学生(세 가지 방면에서의 모범생)
> 三好 → 身体好、学习好、工作好

어떤 약칭은 오랜 시간동안 자주 사용되면서 사람들이 줄이기 전의 원래 형태를 점차 잊어버리면서 약칭 자체가 하나의 독립된 단어로 발전하는 경우도 있다. 예를 들면 원래는 初级中学라는 형태에서 만들어진 初中이라는 약칭은 오랜 시간동안 자주 사용되고 반면 初级中学라는 형태가 거의 사용되지 않으면서 지금은 初中이라는 약칭이 사람들에게 거의 독립된 단어로 인식된다.

숙어(熟语)

숙어는 단어보다 길고 복잡하지만 단어처럼 전체가 하나의 고정된 의미를 나타내는 말로 중국어의 숙어에는 성어, 속담, 헐후어, 관용어 등이 있다. 숙어는 단어와 함께 어휘(词汇)를 구성한다.

① 성어(成语): 역사고사나 우언, 명저, 명언 등에서 나온 말로 간결한 형태에 깊은 이치를 담고 있으며 대개 네 글자로 이루어져 사자성어(四字成语)라고도 하며 다른 숙어에 비해 서면어의 성격이 강하다. 성어는 글자의 뜻을 통해 그 대략적인 의미를 알 수도 있는 경우도 있다.

井底之蛙(우물 밑의 개구리) → 우물 안의 개구리
对牛弹琴(소에게 거문고를 켜다) → 소 귀에 경 읽기

하지만 성어가 나온 배경을 알아야 그 의미를 알 수 있는 경우도 있다.

四面楚歌(사방에서 초나라 노래소리가 들리다)
→ 고립무원의 어려운 상황에 처하다.
守株待兔(나무를 지키고 서서 토끼를 기다리다)
→ 노력하지 않고 요행을 바라다

또 글자의 뜻을 통해 대략적인 의미를 알 수 있더라도 주의가 필요한 경우가 있다. 예를 들어 亡羊补牢는 글자 그대로 보면 한국어의 '소잃고 외

양간 고치다'와 비슷하지만 '일이 잘못되어 재빨리 손을 쓰다'라는 의미도 나타낸다. 또 예를 들면 趋之若鹜는 글자 그대로 해석하면 '오리처럼 떼를 지어 몰려가다'라는 의미이지만 부정적인 색채를 띠고 있어 나쁜 일에만 쓰인다. 따라서 성어는 대략적인 의미를 이해하는 것도 중요하지만 구체적으로 어떤 경우에 어떤 색채를 가지고 쓰이는지 실제 용법을 통해 배우는 것이 중요하다.

② 속담(谚语): 속담은 쉬운 서술형태로 깊은 이치를 풀어낸 말로 구어의 성격이 강하다.

(17) 众人拾柴火焰高

많은 사람이 땔감을 모으면 불길이 높아진다.

(18) 种瓜得瓜，种豆得豆。

콩심은데 콩나고 팥심은데 팥난다.

③ 관용어(惯用语): 몇 개의 단어가 함께 쓰여 단어 그대로의 의미가 아닌 습관적인 의미를 나타내며 대개 술어와 목적어 형태를 띤다.

碰钉子(못에 부딪치다)

背黑锅(검은 솥을 짊어지다)

碰钉子의 단어 그대로의 의미인 '못에 부딪치다'는 여기서 '못에 부딪치듯 어려움에 직면하다'라는 습관적인 의미를 나타낸다. 背黑锅의 단어 그대로의 의미인 '검은 솥을 짊어지다'는 '검은 솥을 지듯 남들이 하기 싫어하는 궂은일을 하다'라는 습관적인 의미를 나타낸다.

관용어는 순서가 바뀌거나 중간에 다른 말이 끼어들어가는 경우도 있다.

(19) 这样的黑锅他是不会背的。

이런 굳은 일을 그는 하려하지 않을 것이다.

(20) 没想到这次又碰了个钉子。

이번에도 잘못되리라고는 생각하지 못했다.

④ 헐후어(歇后语): 헐후어는 속담과 비슷하지만 헐후어의 경우 항상 두 부분으로 이루어지고 앞 부분만 말하고 뒷 부분은 말하지 않을 수 있다. 그래서 뒤(后)를 쉰다(歇)고 해서 헐후어라고 부른다.

(21) 石碑上钉钉子 - 硬碰硬。

돌비석에 못을 박다 - 딱딱한 것끼리 부딪치다.

(22) 大海里捞针 - 无处寻。

큰 바다에서 바늘을 건지다 - 찾을 방법이 없다.

여기서 石碑上钉钉子나 大海里捞针까지만 말해도 사람들은 그 뜻이 硬碰硬이나 无处寻이라는 것을 알 수 있다.

헐후어는 단순히 연결되는 두 부분을 활용하는 것이 아니라 같은 소리(해음)를 이용해 원하는 의미를 전달하기도 한다.

(23) 外甥打灯笼 - 照旧。

외조카가 등을 밝히다 - 삼촌을 비춘다.

여기서 照旧는 '예나 다름이 없다', '변함이 없다'라는 뜻이다. 그렇다면 '외조카가 등을 밝히다'와 '변함이 없다'는 어떻게 연결되는 것인가? 그 답이 바로 해음(谐音)이다. 원래는 외조카가 등불을 들고 '삼촌을 비춘다(照舅)'. 그런데 照舅와 照旧의 발음이 같기 때문에 '삼촌을 비추다(照舅)'를 연결고리로 삼아 '변함이 없다(照旧)'는 뜻을 나타내고 있다. 따라서 사람들은 外甥打灯笼까지만 듣고도 말하고자 하는 바는 照舅로 연결된 照旧라고 이해할 수 있다.

1.2.4 구(词组/短语)

구는 단어보다 한 단계 큰 문법단위로 단어가 결합하여 이루어진다. 구는 그 구조에 따라 주위구, 술빈구, 술보구, 수식구, 병렬구 등 몇 가지로 나눌 수도 있고 또 구를 이루는 성분의 성격에 따라 명사구, 동사구, 형용사구, 수량구, 개사구, 的자구 등으로도 나눌 수도 있다.

1) 구조에 따른 분류

① 주위구(主谓词组): 주위구는 주어(主语)와 위어(谓语)의 두 부분으로 구성된다. 주어는 화자가 서술하는 대상으로 말하고자 하는 것이 누구 혹은 무엇인가를 나타낸다. 위어는 주어에 대한 서술로 주어가 어떻다거나 무엇이라는 것을 설명한다.

眼睛漂亮(눈이 예쁘다)
我是学生(나는 학생이다)
他买一本书(그는 책 한권을 산다)
他北京人(그는 북경사람이다)

② 술빈구(述宾词组): 술빈구는 술어(述语)와 빈어(宾语) 두 부분으로 구성된다. 술어는 동작을 나타내고 빈어는 이 동작의 영향을 받는 사물을 가리킨다.

买电脑(컴퓨터를 사다)
开汽车(차를 몰다)
解决问题(문제를 해결하다)
喜欢看书(책 읽는 것을 좋아하다)

③ 술보구(述补词组): 술보구는 술어(述语)와 보어(补语) 두 부분으로 구성된다. 술어는 동작을 나타내고 보어는 이 동작을 보충 설명한다. 보충설명의 내용은 동작의 결과, 방향, 정도, 가능 등 다양하다.

看完(다 보다)
走上去(걸어올라가다)
跑得很快(뛰는 것이 아주 빠르다)
做不完(다 할 수 없다)

④ 수식구(偏正词组): 수식구는 수식어와 피수식어 두 부분으로 구성되며 수식어는 관형어(定语)와 부사어(状语) 두 종류로 나뉜다. 중국어에서 관형어나 부사어의 수식을 받는 피수식어를 중심어(中心语)라고 한다. 관형어는 체언성분을 수식하는 말로 중심어의 속성, 소속, 수량 등을 나타낸다.

漂亮的衣服(예쁜 옷)
我的自行车(나의 자전거)
三本书(세 권의 책)

부사어는 용언성분을 수식하는 말로 정도나 방법을 나타낸다.

非常漂亮(아주 예쁘다)
认真地学习(성실히 공부하다)

결국 수식구는 '관형어+중심어'와 '부사어+중심어'의 두 가지 종류로 나눌 수 있다.

⑤ 병렬구(并列词组): 병렬구는 몇 개의 병렬되는 성분으로 이루어진다. 병렬되는 성분들 간에는 주종(主從)이나 경중(輕重)의 차이가 없다. 병렬되는 성분은 연결성분 없이 연결되기도 한다.

北京、上海、天津(북경, 상해, 천진)
多快好省(많이, 빨리, 좋게, 알뜰하게)

병렬되는 성분은 접속사나 부사와 같은 연결성분에 의해 연결되기도 한다.

北京和上海(북경과 상해)
又高又重(크고 무겁다)

병렬구는 다른 구와는 다른 특별한 점이 있다. 다른 구가 모두 두 부분으로 이루어지는 반면 병렬구는 두 부분으로 이루어지기도 하지만 北京、上海、天津처럼 둘 이상의 부분으로 이루어질 수도 있다.

2) 구성성분에 따른 분류

구는 그 구성방법에 따라 주위, 술빈, 술보, 수식, 병렬 등으로 분류될 뿐 아니라 구의 중심이 되는 단어가 무엇인가에 따라 명사구, 동사구, 형용사구, 수량구, 개사구, 的자구(的字词组) 등으로도 분류된다.

① 명사구: 구 전체의 기능이 명사와 비슷한 구를 명사구라고 한다. 명사구의 중심이 되는 단어는 대개 명사나 대사이며 관형어와 중심어로 이루어진 수식구나 명사적인 병렬구가 명사구이다.

(24) 队员们在训练中也表现出了认真的态度。
  팀원들은 훈련중에도 진지한 태도를 보여주었다.

(25) 众多家长和学生前来咨询。
  많은 학부모와 학생들이 와서 상담을 했다.

(24)에서 认真的态度는 관형어와 중심어로 이루어진 수식구이며 (25)에서 家长和学生은 명사와 명사로 이루어진 병렬구이다.

② 동사구: 동사가 중심이 되어 구 전체의 기능이 동사와 비슷한 구를 동사구라고 한다. 예를 들면 주위구, 술빈구, 술보구, 수식구 등이 동사구이다.

(26) 我以为你还没回来呢。

나는 네가 아직 안 돌아온 줄 알았지.

(27) 小王喜欢看电影。

小王은 영화보는 것을 좋아한다.

(28) 这么多菜肯定吃不完。

이렇게 많은 요리는 분명히 다 먹을 수 없다.

(29) 时间不早了，我们赶紧动身吧。

시간이 이르지 않으니 우리 빨리 움직이자.

(26)에서 你还没回来는 주위구, (27)에서 看电影은 술빈구, (28)에서 吃不完은 동사 술어와 보어로 이루어진 술보구, (29)에서 赶紧动身은 부사어가 동사를 수식하는 수식구이다.

③ 형용사구: 형용사가 중심이 되어 구 전체의 기능이 형용사와 비슷한 구를 형용사구라고 한다. 예를 들면 형용사가 중심이 되는 술보구, 수식구 등이 형용사구이다.

(30) 天气渐渐暖和起来了。

날씨가 점점 따뜻해지기 시작했다.

(31) 这将是一场异常艰苦的较量。

이것은 아주 힘든 힘겨루기일 것이다.

(30)에서 暖和起来는 형용사 술어와 보어로 이루어진 술보구, (31)에서 异常艰苦는 부사어가 형용사를 수식하는 수식구이다.

④ 수량구(数量词组): 수사와 양사로 이루어진 구를 수량구라고 한다. 수량구는 주로 관형어로 쓰여 명사를 수식하며 '수사+양사+명사'의 구조를 이루며 간혹 주어나 빈어로 쓰이는 경우도 있다.

(32) 我有一条消息要告诉你。
나는 너에게 알려줄 소식 하나가 있다.
(33) 一个都不能少。
하나도 부족해서는 안된다.
(34) 这本书我也买了一本。
이 책은 나도 한 권 샀다.

(32)에서 수량구 一条는 명사 消息를 수식하며 '수량명'구조를 이루고 있으며 (33)과 (34)에서 수량구 一个는 각각 주어와 빈어로 쓰이고 있다.

⑤ 개사구(介词词组): 개사와 그 빈어로 이루어진 구를 개사구라고 하며 주로 부사어로 쓰이며 간혹 보어나 관형어로 쓰이기도 한다.

(35) 电影并没有为我留下足够好的印象。
영화는 내게 충분히 좋은 인상을 남기지 못했다.
(36) 会场里坐满了来自全国各地的代表。
회의장에는 전국 각지에서 온 대표들이 빈자리 없이 앉았다.
(37) 人类对月球的研究已取得巨大进展。
인류의 달에 대한 연구는 이미 많은 진전을 거두었다.

(35)에서 개사구 为你는 留下足够好的印象을 수식하는 부사어로 쓰이고

있으며 (36)에서 自全国各地는 술어 来의 보어로, (37)에서 对月球는 研究를 수식하는 관형어로 쓰이고 있다.

⑥ 的자구(的字词组): 명사, 관형사, 형용사, 동사 등 뒤에 的가 쓰여 만들어진 구를 '的자구'라고 한다. 的자구는 주로 주어나 빈어 등으로 쓰인다.

(38) 他的不太好，还是用我的吧。
그의 것은 좋지 않으니 내 것을 쓰자.

(39) 前面那个人是男的还是女的?
앞에 저 사람은 남자니 아니면 여자니?

다음 장에서 다루게 될 품사분류에서는 중국어의 단어를 우선 실사와 허사로 나누고 실사를 다시 체언과 용언으로 나누게 된다. 구도 중심이 되는 단어의 성격에 따라 크게 체언구와 용언구로 나눌 수도 있는데 명사구, 수량구, 的자구 등이 체언성격의 구이고 동사구, 형용사구 등은 용언성격의 구라고 할 수 있다.

3) 단어와 구의 관계

위에서 살펴보았듯이 구는 그 구조에 따라 주위, 술빈, 술보, 수식, 병렬 등으로 분석이 가능하다. 단어 부분에서 합성어의 구조를 서술, 지배, 보충, 수식, 병렬, 중첩, 파생 등으로 분석했는데 여기서 중첩과 파생을 제외한 나머지는 구의 구조와 거의 같다. 이는 중국어에서 단어, 특히 복합어의 구성방법과 구의 구성방법이 기본적으로 같다는 것을 의미한다. 단어의 구성방법과 구의 구성방법이 거의 같기 때문에 단어와 구의 경계가 불분명해지는 현상이 나타나기도 한다. 단어와 구를 구분하는 방법에는 크게 두 가지가 있다. 하나는 '두 부분을 쉽게 떼어낼 수 있는가'이고 또 하나는 '각 형태소 의미를 합치면 곧바로 결합체 전체의 의미가 되는가'이다.

두 부분을 마음대로 떼어낼 수 없고 각 형태소의 의미를 합쳐도 곧바로 결합체 전체의 의미가 나오지 않는다면 그 결합체는 하나의 단어로 보인다.

马路　老虎　小看　接风

马路의 马와 路는 각각 '말'과 '길'이라는 뜻이지만 马路 전체는 '말의 길'을 뜻하는 것이 아니라 '큰 길'을 가리킨다. 老虎의 老와 虎도 각각 '늙다'과 '호랑이'라는 뜻이지만 老虎 전체는 '늙은 호랑이'가 아니라 그냥 '호랑이'라는 뜻이다. 小看의 小와 看도 각각 '작다'와 '보다'라는 뜻이지만 이들 뜻이 직접 小看 전체의 의미를 만들어내지는 못한다. 接风의 接와 风은 각각 '받다'와 '바람'이라는 뜻이지만 이들 뜻이 직접 接风의 의미를 만들어내지는 못한다. 따라서 马路, 老虎, 小看, 接风 등은 모두 단어이다.

각 형태소의 의미를 합치면 곧바로 결합체 전체의 의미가 나오고 결합체의 두 부분을 자유롭게 떼어내 다양한 조합을 만들 수 있다면 단어가 아닌 구로 보인다.

看书, 看报, 看电视
买书
借书

看书의 경우 看과 书 각각의 의미를 합치면 곧바로 '책을 보다'라는 看书 전체의 의미가 나온다. 또 看书에서 看과 书를 떼어내 书를 报나 电视로 바꿔 새로운 의미를 만들 수 있고 看书의 看을 买나 借로 바꿔 새로운 의미를 만들 수 있다. 따라서 看书는 단어가 아닌 구로 보인다.

하지만 어떤 경우 형태소의 조합은 단어 같기도 하고 구 같기도 하다. 그중 하나가 이합사이다. 이합사란 다음과 같은 단어를 가리킨다.

吃亏　理发　睡觉　见面

吃亏 등은 모두 하나의 단어처럼 붙어 다니고 吃亏 등의 의미가 단순히 吃와 亏 두 부분의 합으로 이루어졌다고 보기도 힘들다. 하지만 경우에 따라 두 글자가 떼어져서 쓰일 수 있다.

(40) 我们已经吃了一次大亏。
우리는 벌써 큰 손해를 한번 봤다.

(41) 他一到假期就睡懒觉。
그는 방학만 되면 늦잠을 잔다.

결국 吃亏 등은 단어처럼 붙어 고정된 의미를 나타내지만 서로 떼어져 쓰이는 경우도 있어 단어인지 구인지에 대해서는 명확한 결론을 내리기 힘들어진다.

이렇듯 단어처럼 보이지만 때에 따라 구처럼 보이기도 하는 단어를 이합사(离合词)라고 한다. 이합사란 말 그대로 두 형태소가 붙어 하나의 단어를 이루지만 떨어지는 경우도 있다는 뜻이다. 이합사는 대개 '술어+빈어'의 구조로 단어 자체에 이미 빈어를 포함하고 있기 때문에 단어 뒤에 다시 빈어가 올 수 없다.

(42) *小青见面她丈夫[4]。
小青이 그녀의 남편을 만난다.

이합사의 빈어는 관형어로 만들든지, 개사구로 만들어야 한다.

(43) 小青没有见她丈夫的面。
小青이 그녀의 남편을 만나지 않았다.
(44) 小青打算和她丈夫见面。
小青이 그녀의 남편을 만날 생각이다.

1.2.5 문장(句子)

1) 문장이란: 문장은 구보다 한 단계 큰 문법단위이자 가장 큰 문법단위이다. 문장을 분석하는 각도에서 보면 형태소, 단어, 구 등의 문법단위는 문장을 분석해서 얻어낸 것이다. 문장을 구성하는 각도에서 보면 형태소가 단어를 이루고 단어가 구를 이루며 구가 문장을 이룬다고도 할 수 있다. 언어는 의사소통의 도구이고 사람들은 의사소통을 할 때 한 문장, 한 문장씩 말을 한다. 따라서 문장은 그 자체로 완전한 의미를 전달하며 앞과 뒤에는 모두 휴지(쉼)가 있고 일정한 높낮이를 포함한다. 글로 쓸 때는 문장의 끝에 마침표나 물음표, 느낌표 등을 붙여 표시한다.

4) 이 책에서 *표는 문법적이지 않은 문장을 나타내는데 쓰인다.

(45) 韩中两国是隔海相望的邻国。

한국과 중국 두 나라는 바다를 사이에 두고 마주보고 있는 이웃국가이다.

(46) 北京离这儿多远？

북경은 여기서 얼마나 멀지?

(47) 好漂亮的衣服啊！

얼마나 아름다운 옷인가!

구조적으로 보면 문장은 대개 주어(主语)와 위어(谓语) 두 부분으로 이루어져 있다. 중국어에서 주위구(主谓词组)는 다른 구처럼 문장의 일부일 수도 있고 다른 구와는 달리 그 자체가 하나의 문장이 될 수도 있다.

(48) 他学汉语。

그는 중국어를 배운다.

(49) 我知道他学汉语。

나는 그가 중국어를 배우는 것을 안다.

(48)에서 他学汉语는 他라는 주어와 学汉语라는 위어의 주위구조로 이루어진 문장이다. 하지만 (49)에서 주어는 我이고 知道他学汉语가 위어인데 위어는 知道라는 술어와 他学汉语라는 빈어의 술빈구조로 이루어져 있다. 여기서 술빈구조의 빈어 他学汉语는 다시 他라는 주어와 学汉语라는 위어로 되어 있다. 결국 他学汉语라는 주위구는 (48)에서는 독립적인 문장으로 쓰이고 (49)에서는 문장의 일부인 구로 쓰이고 있다.

이렇게 중국어에서는 단어의 구성방법과 구의 구성방법, 심지어 문장의 구성방법이 서로 비슷해서 이들 간의 경계가 불분명해지고 또 상황에 따라 그 성격이 수시로 바뀌는 문제가 발생한다.

2) **문장의 분류**: 문장은 그 수도 많고 종류도 다양하기 때문에 여러 기준에 따라 분류가 가능하다.

① 구조에 따른 분류: 문장은 우선 구조적인 측면에서 하나의 '주어-위어' 구조로 이루어진 단문(单句)과 의미적으로 밀접하게 연관된 몇 개의 '주어-위어' 구조로 이루어진 복문(复句)으로 나눌 수 있다.

(50) 他没有参加今天的会议。
그가 오늘 회의에 참석하지 않았다.

(51) 因为他没有参加今天的会议，我们也没法听取他的意见。
그가 오늘 회의에 참석하지 않았기 때문에 우리도 그의 의견을 들을 방법이 없었다.

(50)은 하나의 '주어-위어'로 이루어진 단문이며 (51)은 의미적으로 밀접하게 연관된 두 개의 '주어-위어' 구조로 이루어진 복문이다. 복문에서 각 '주어-위어' 구조를 절(分句)이라고 한다. (49)도 두 개의 '주어-위어' 구조로 이루어진 듯 보이지만 사실은 我라는 주어와 知道他学汉语라는 위어로 구성된 단문이다. 단, 술빈구 知道他学汉语에서 빈어인 他学汉语가 다시 주어와 위어의 구조로 이루어져 있다.

② 위어에 따른 분류: 단문은 위어의 성격에 따라 동사나 동사구가 위어로 쓰이는 동사위어문, 형용사나 형용사구가 위어로 쓰이는 형용사위

어문, 명사나 명사구, 수량구 등이 위어로 쓰이는 명사위어문, 주위구조 자체가 위어로 쓰이는 주위위어문 등으로 나눌 수도 있다.

(52) 这个假期我想去昆明旅游。

이번 휴가에 나는 곤명에 여행갈 생각이다.

(53) 云南的山水确实很漂亮。

운남의 산수는 정말 아주 아름답다.

(54) 她云南人。

그녀는 운남사람이다.

(55) 云南风景秀丽，气候宜人。

운남은 풍경이 수려하고 기후도 좋다.

③ 기능에 따른 분류: 문장의 기능, 즉 문장이 전달하고자 하는 바의 측면에서 보면 문장은 서술문, 의문문, 청유문, 감탄문 등으로 구분할 수도 있다.

(56) 我们非常愿意为你做这件事。

우리는 너를 위해 이 일을 하기를 너무 원한다.

(57) 返程票你买到了吗？

돌아오는 표 너 샀니?

(58) 这方面的情况请你介绍一下。

이쪽 상황은 당신이 좀 알려주시죠.

(59) 多动人的一个爱情故事啊!

얼마나 감동적인 사랑 얘기인가!

중국어(中国语)와 한어(汉语)

우리는 보통 중국에서 쓰는 말이다 해서 중국어라는 말을 사용한다. 하지만 정작 중국에서는 중국어라는 말 보다는 한어라는 말을 더 많이 쓴다. 중국은 공식적으로 56개 민족으로 이루어진 다민족 국가이고 그 중 대다수를 차지하는 것이 한족(汉族)이다. 대개는 민족이 달라짐에 따라 언어도 달라지므로 중국이라는 나라 안에서 쓰이는 언어는 수십 가지가 된다. 따라서 중국어라고 하면 이 수십 가지 언어 중 어느 것을 가리키는지 명확하지 않을 수 있으므로 56개 민족 중에서도 대다수를 차지하는 한족이 쓰는 언어라고 해서 한어라는 말을 쓴다. 그 외 중국어는 중문(中文)이라고도 하며 화어(华语)나 화문(华文)이라고도 한다.

1.3 중국어 문법의 특징

1.3.1 언어 간의 공통점과 차이점

지구상에는 수많은 언어가 있고 이 언어들 간에는 공통점도 있고 차이점도 있다. 언어가 기본적으로 사람이 사회를 구성하며 살아가면서 쓰는 의사소통의 도구이기 때문에 의사소통의 목적을 달성하기 위해서는 자연히 서로 다른 언어 간에도 많은 공통점이 있기 마련이다.

위에서 말했듯이 모든 문장은 형태소, 단어, 구와 같은 더 작은 조각들로 나뉠 수 있다. 이 중 단어는 그 성격에 따라 품사분류가 가능하며 문법단위가 문장 속에서 어떤 역할을 하는가에 따라 문장성분의 구분이 가능하다. 또 품사분류의 세부적인 차이는 있을 수 있으나 대개 명사, 동사, 형용사, 부사 등의 품사가 공통적으로 존재하며 또한 주어, 서술어, 목적어 등의 문장성분이 어느 언어에나 공통적으로 존재한다. 그리고 어떤 언어든 단어의 수는 상당히 많고 실제 발화된 문장의 수도 무한히 많지만 단어가 문장을 이루는 과정에 쓰이는 규칙은 유한하다.

하지만 사람이 살아가는 구체적인 환경이 서로 다른 만큼 의사소통 도구인 언어에도 약간씩 차이가 있다. 모든 사람들은 교육을 받았던 받지 않았던 다른 사람들과 상호작용하는 과정에서 한 가지 언어를 자연스럽게 습득하며 이런 언어를 모국어(母语)라고 한다. 상술한 언어 간의 많은 공통점 덕분에 모국어를 이미 습득한 사람이 또 다른 언어(외국어)를 배울 때는 모든 것을 처음부터 시작할 필요는 없다. 외국어에서 모국어와 공통되는 부분은 이미 알고 있기 때문이다. 따라서 모국어와 외국어 간의 공통점을 기반으로 둘 간의 차이점에 주목한다면 좀 더 효과적인 외국어 학습이 가능하며 이것이 바로 우리가 중국어를 배울 때 그 특징에 주목하는 이유이다.

그렇다면 중국어의 문법은 다른 언어의 문법과 어떤 차이가 있을까? 중국어 문법의 특징은 크게 '형태변화'와 '주제부각'의 두 가지로 요약될 수 있다.[5)]

1.3.2 형태변화

많은 점들이 중국어의 특징으로 언급되고 있지만 사실 그중 많은 것들이 '중국어는 형태변화가 없다'는 점과 관련이 있다. 여기서는 다음 두 가지를 중심으로 살펴보자.

5) 중국어문법의 특징으로 거론되고 있는 것은 그 종류도 많고 또 학자에 따라 그 내용도 다양하다. 예를 들면 房玉清(2001)은 중국어문법의 특징으로 8가지나 들고 있는 반면 朱德熙(1985)는 단 두 가지를 들고 있다. 하지만 다른 특징과 깊이 연관되지는 않는 개별적인 특징을 제외하면 위의 두 가지로 정리할 수 있다.

1) 중국어는 문장 구성 시 형태변화보다는 어순이나 허사에 의존한다.

이 특징은 중국어의 특징을 논하면서 가장 먼저, 가장 많이 언급되는 특징이다. 형태변화란 명사의 격, 성이나 동사의 시제, 수, 일치와 같이 단어 자체의 변화를 통해 다양한 문법의미를 나타내는 방법을 말한다.

대체로 인구어(印欧语)의 형태변화가 풍부한데 형태변화가 상대적으로 적은 영어의 경우에도 대명사의 경우 격변화가 비교적 완전해서 3인칭 남성 단수의 경우 주어 위치에서는 he로 목적어 위치에서는 him, 소유격 위치에서는 his로 나타난다. 따라서 단어의 형태변화만으로 어느 것이 주어인지, 목적어인지 등을 비교적 명확하게 알 수 있다.

한국어의 경우 인구어에서와 같이 단어의 내부적인 변화로 문법관계를 나타내지는 않지만 조사나 어미를 통해 이를 나타낼 수 있다. 예를 들면 '나는 그를 사랑한다'라는 문장에서 '나'와 '그'의 순서를 바꾸더라도 '그를 나는 사랑한다'처럼 다소 어색할지라도 조사만 그대로 있다면 원래 의미를 파악하는데 문제가 없다.

반면 중국어의 경우 문장 내 각 성분들 간의 상호관계는 주로 어순에 의해 나타난다. 예를 들면 我爱他라는 문장에서 我와 他의 순서를 바꾸어 他爱我라고 말하면 뜻이 완전히 달라진다. 인구어나 한국어와는 달리 중국어에서는 어순 말고는 문장 내 각 성분 간의 관계를 나타낼 방법이 없는 것이다.

주격이나 목적격 등뿐만 아니라 다른 문법의미의 경우에도 인구어에서는 역시 대개 단어의 내부적인 형태변화로 드러나고 한국어의 경우 단어 뒤에 붙는 조사나 어미로 드러난다. 하지만 중국어에서는 어떤 문법의미가 단어의 내부적인 변화나, 혹은 단어 뒤에 다른 성분의 부가를 통해 나타나지 않고, 어순이나 일부 허사(개사)에 의해 표현된다.

형태변화를 기준으로 할 때 언어를 고립어(孤立语), 교착어(黏着语), 굴절어(曲折语) 등 크게 세 가지 유형으로 나누곤 한다. 고립어는 형태변화가 없는 언어로 형태소 하나하나가 독립적이고 하나의 형태소가 바로 단어인 경우가 많으며 중국어나 베트남어가 여기에 속한다. 교착어는 한 단어가 여러 개의 형태소를 포함할 수 있지만 형태소간의 경계가 명확하며 여러 의미를 나타내는 형태소가 차근차근 붙는다고 해서 첨가어라고도 하며 한국어나 터키어가 여기에 속한다. 굴절어는 형태소 간에 교착어와 같은 뚜렷한 경계가 없으며 한 단어 내부에 다양한 문법범주를 나타내는 형태변화가 분리할 수 없이 한 덩어리로 녹아 들어가며 인구어가 여기에 속한다.

따라서 형태가 드러나는 방식이 다를 뿐 교착어와 굴절어는 모두 형태변화가 있는 언어에 속하는 반면 중국어는 형태변화가 없는 언어에 속한다.

2) 중국어에서는 품사와 문장성분 간에 일대일 대응이 이루어지지 않는다.

인구어에서는 품사와 문장성분 간에 간단한 대응관계가 성립된다. 대체로 동사는 서술어로 쓰이고 명사는 주어와 목적어로 쓰이며 형용사는 관형어로, 부사는 부사어로 쓰인다. 한국어의 경우에도 인구어처럼 대개 체언성분이 주어나 목적어로 쓰이고 동사와 형용사 같은 용언성분만이 서술어로 쓰이는 등 품사와 문장성분 간에 비교적 간단한 대응관계가 성립된다.

하지만 중국어에서는 동사나 형용사가 주어나 목적어로 쓰일 수 있고, 명사가 관형어로 쓰일 수 있으며 형용사도 서술어나 부사어로 쓰일 수 있고 명사도 경우에 따라 서술어로 쓰일 수 있는 등 품사와 문장성분간의 대응이 복잡하다.

(60) 今天中秋节。
오늘은 추석이다.
(61) 回去也好。
돌아가는 것도 좋다.

(60)에서 中秋节라는 명사가 위어로 쓰였고 (61)에서는 回去라는 동사구가 주어로 쓰이고 있다. 인구어에서는 동사나 형용사가 주어나 목적어로 쓰이려면 먼저 명사화 과정을 거치고 명사가 서술어로 쓰이는 경우에도 동사화 과정이 필요하며 이런 과정은 형태변화를 통해 드러난다. 한국어의 경우에도 품사와 문장성분 간의 대응관계를 유지하기 위해 약간의 문법적인 과정이 필요하다. 위 예문을 한국어로 바꾼다면 '오늘은 추석이다'와 '돌아가는 것도 좋다'등과 같이 (60)에 '이다'라는 서술성분을 따로 추가하고 (61)에서는 '동사+관형형어미'가 '것'이라는 명사를 수식해서 결국 명사적인 성분이 주어로 쓰이도록 한다. 하지만 중국어에서는 명사가 아무런 변화 없이 위어로 쓰이고 동사구도 아무런 변화 없이 주어로 쓰여 품사와 문장성분간의 대응이 복잡해진다.

이런 중국어의 특징과 관계된 것이 중국어 품사분류를 둘러싼 논란이다. 품사란 단어를 그 성격에 따라 분류한 것인데 소위 '성격'이란 것은 결국 단어가 나타내는 의미와 문장 내에서의 기능이고 특히 기능이 더 중요하다. 인구어나 한국어에서 품사와 문장성분 간에 간단한 일대일 대응이 성립한다는 것도 특정 부류 단어들의 기능이 특정 문장성분으로 한정된다는 뜻이다. 하지만 중국어에서는 상당수의 단어들이 문장 내에서 다양한 기능을 하기 때문에 이들의 성격을 어떻게 규정하고 어느 품사에

분류시킬 것인가가 문제가 된다. 따라서 중국어의 단어는 여러 가지 의미와 기능을 가지는 경우가 많아 품사분류가 쉽지 않은 경우가 많다.

1.3.3 주제부각[6)]

중국어에서는 그 의미적인 성격이 어떻든 말하고자하는 바를 우선 문장의 맨 앞에 두고 문장의 나머지 부분에서 이 말하고자하는 바를 설명하는 구조로 문장을 구성하기 때문에 주어와 위어간의 의미관계가 상당히 복잡하다. 물론 가장 일반적인 경우는 주어와 위어 간에 행위자(施事)와 동작의 관계가 성립하는 경우이다.

(62) 他爸爸回来了。
그의 아빠가 돌아왔다.
(63) 中国有世界上最多的农民。
중국에는 세계에서 제일 많은 농민이 있다.

(62)에서 주어는 他爸爸이고 위어는 回来了인데 回来了라는 동작을 행한 사람은 他爸爸이므로 주어와 위어 간에 행위자와 동작의 관계가 성립한다. (63)에서 주어 中国와 有世界上最多的农民과의 관계도 마찬가지이다.

하지만 주어와 위어 간의 관계가 대상(受事)과 동작인 경우도 있다.

(64) 衣服都打湿了。

---

6) Li, Charles N, & Sandra A. Thompson(1976)는 주제부각(Topic Prominence)이라는 특징을 제안했을 뿐만 아니라 언어별로 주어와 주제를 얼마나 중요하게 생각하는가를 기준으로 언어유형론을 제안하기도 했다.

옷이 다 젖었다.

(65) 这条公路还没有修完。

이 길은 아직 다 만들어지지 않았다.

(64)에서 주어는 衣服이고 위어는 都打湿了인데 주어 衣服는 都打湿了라는 동작의 대상이고 (65)에서 这条公路와 还没有修完의 관계도 마찬가지이다.

주어가 시간이나 장소인 경우도 있다.

(66) 晚上有约会。

저녁에 약속이 있다.

(67) 前面是一条小河。

앞은 한 줄기 작은 강이다.

더구나 원래는 빈어 자리에 있던 동작의 대상이 문두(文頭)로 나오기도 한다.

(68) 我已经吃过晚饭了。

나는 벌써 저녁을 먹었다.

→ 晚饭我已经吃过了。

저녁은 내가 벌써 먹었다.

주위구조 자체가 위어로 쓰이는 주위위어문(主谓谓语句)이 존재하기도 한다. 주위구조는 문장의 기본구조인데 이 주위구조가 다른 문장의 위어로 쓰이는 것이다.

(69) 张三身体很健康。

张三은 몸이 아주 건강하다.

여기서 주어는 张三이고 위어는 身体很健康인데 위어가 주위구조로 주어인 身体와 위어인 很健康으로 이루어진 것이다.

그리고 중국어의 주제-설명구조와 밀접하게 연관된 것이 바로 주어의 생략문제이다. 영어의 모든 문장은 주어를 가지며 동사와 주어는 단복수가 일치되어야 하므로 주어를 쉽게 찾을 수 있다. 하지만 중국어의 문장에서는 의미전달에 큰 문제가 없다면 주어를 쉽게 생략할 수 있다.

(70) 昨天念了两个钟头的书。

어제 두 시간의 책을 읽었다.

심지어는 주어가 생략되었다고 말하기도 힘든 문장이 있다.

(71) 好冷啊!

정말 춥구나!

이렇듯 중국어에서 주어를 구조적으로 명확하게 정의할 수 없기 때문에 중국어의 문장은 '주어-위어'의 구조가 아니라 '주제-설명'의 관계로 기본구조를 설명하는 것이 더 설명하기 쉬우며 문장 전체적으로 주어가 아닌 주제가 중심이 된다는 의미에서 주제가 부각된다고 할 수 있다.

1.3.4 한국어와의 비교

중국어의 형태변화와 주제부각이라는 특징을 한국어와 비교해 보면 어떨까. 전체적으로 한국어는 형태변화 면에서는 중국어와 확연히 다르지만 주제부각 면에서는 중국어와 비슷한 점이 많다. 중국어와 한국어의 형태변화 면에서의 차이점은 위에서 어느 정도 언급이 이루어졌으므로 여기서는 주로 주제부각 문제를 살펴보자.

한국어에서도 주어와 서술어간에는 대개 행위자와 동작의 의미관계가 성립한다. 하지만 한국어에도 문장이 서술어로 쓰이는 경우가 있고 원래는 문장의 다른 자리에 있던 성분이 문두로 나오기도 하며 또 주어의 생략도 빈번하다. 따라서 한국어에서도 상당수 문장에서 '말하고자 하는 바'인 주제가 부각되며 문장 전체는 '주제-설명'의 구조를 이룬다고 말할 수 있다.

우선 한국어에서 하나의 문장이 서술어로 쓰이는 경우를 살펴보자.

(72) 이 옷이 색깔이 예쁘다.
(73) 사과는 부사가 맛있다.

이런 문장을 한국어에서는 주어가 두 개 나온다고 해서 '이중주어문'이라고도 하며 주술구조가 술어로 쓰인다고 해서 '주술술어문'이라고 부르기도 한다. 어떻게 부르든 결국 하나의 문장이 아무런 변화 없이 독립된 문장이 아닌 다른 문장의 일부, 즉 서술어로 쓰인다는 점은 동일하다. 한국어의 경우 하나의 문장이 다른 문장의 일부로 안길 때 형태상의 변화가 수반되는 것이 보통이다.

(74) 그가 이미 한국에 돌아왔다.
(75) 나도 그가 이미 한국에 돌아왔다는 소식을 들었다.
(76) 그가 이미 한국에 돌아왔음이 밝혀졌다.

(74)에서 독립된 문장으로 쓰였던 '그가 이미 한국에 돌아왔다'는 (75)에서는 관형절로, (76)에서는 명사절로 쓰이고 있으며 이런 신분의 변화는 관형형 어미와 명사형 어미로 드러나고 있다. 하지만 하나의 문장이 다른 문장의 일부로 안기는 '서술절'의 경우 형태상의 변화가 드러나지 않는다.

또 원래는 다른 자리에 있던 성분이 문두로 나오기도 한다.

(77) 영어는 역시 그 친구가 제일 잘 한다.
(78) 칼국수는 그 집 것이 맛있다.

(77)에서 문두의 '영어'는 원래 목적어 자리에 있었던 것이며 (78)의 '칼국수'는 관형어 자리에 있던 것이다. 이런 구조는 역시 무언가 '말하고자 하는 바'에 중점을 두고 이를 설명하기 위한 것으로 보인다.

다음은 주어의 생략문제를 살펴보자. 한국어에서도 주어가 없는 문장이 많이 쓰이는데 대부분은 주어가 무엇인지 명확해 생략한 경우도 있지만 주어를 명확하게 정의할 수 없어 생략되었다고 말하기 힘든 경우도 있다.

(79) 내가 요즘 너무 바빠서 통 연락을 못했다.
(80) 여기가 바로 진시황릉인지도 모른다.

(79)에서 바쁜 것과 연락을 못한 것은 모두 '나'이기 때문에 '나'는 문장의 맨 앞에 한 번만 나타났다. 하지만 (80)에서 '모른다'는 서술어에 대한 주어가 무엇인지 명확하지 않다. 이렇게 주어의 생략이 빈번하거나 혹은 주어가 아예 명확하지 않다는 점은 별 의미가 없는 주어라도 문장 구성에 주어가 꼭 필요한 영어 등의 상황과 확연하게 구별된다.

전체적으로 형태변화 면에서는 한국어와 영어가 비슷한 모습을 보이는 반면 중국어는 다른 모습을 보이고 주제부각 면에서는 한국어와 중국어가 비슷한 모습을 보이는 반면 영어와는 다른 모습을 보인다.

표준어(标准语)/보통화(普通话)

교육적, 문화적인 편의를 위해 나라의 표준이 되도록 정한 말이 표준어이다. 중국어의 표준어는 보통화라고 부른다. 보통화는 중국의 통용어이자 한족의 공용어로 '북경발음을 표준 발음으로 삼고 북방방언을 기초 방언으로 삼으며 전형적인 현대백화문 저작을 문법규범으로 삼는다.[7)]'

7) 중국어로는 "以北京语音为标准音，以北方方言为基础方言，以典范的现代白话著作为语法规范。"이며 이는 보통화에 대한 공식적인 정의이다.

2 품사

2.1 단어와 품사

문장을 분석해 얻어지는 문법단위에는 형태소(语素), 단어(词), 구(词组) 등이 있지만 이중에서도 단어의 지위는 특별하다. 사람들은 말을 할 때 보통 단어 단위로 끊어서 말하고 글을 쓸 때도 단어 단위로 끊어서 쓰기 때문에 청각적으로, 시각적으로 다른 단위보다 더 중요하게 생각된다. 그래서 문장을 분석할 때 문장을 구로 나누고, 구를 다시 단어로 나누고, 단어를 다시 형태소로 나누기보다 문장에서 먼저 단어들을 분리해내기도 한다. 그리고 이들이 어떻게 모여 구와 문장을 이루는지 분석한다. 실제로 말을 할 때는 최소 단어단위로 쓰이기 때문에 대개 문장의 분석에서 형태소까지는 분석하지 않는다. 이런 배경에서 문장은 약간의 단어로 나누어지고 단어는 일정한 규칙(문법)에 따라 모여 문장을 이룬다고 말할 수 있다.

어느 언어에서든 문장에서 분리해낸 단어, 혹은 반대의 각도에서 문장을 이루는 단어의 수는 상당히 많다. 단어의 의미와 기능을 정리해놓은 사전의 경우 작은 사전도 보통 수천개에서 만개가 넘는 단어가 수록되어 있고 큰 사전의 경우 수만개의 단어가 수록되어 있다. 단어는 수도 많을 뿐 아니라 그 의미나 기능도 다양한데 이들을 그냥 쌓아 놓으면 연구하고 가르치고 배우는데 어려움이 있기 때문에 기능과 의미 등의 성격이 같은 단어들끼리 무리지어 놓은 것을 품사(词类)라고 한다.

중국어의 품사는 명사, 동사, 형용사, 수사, 양사, 대사, 부사, 개사, 접속사, 조사, 의성사, 감탄사의 열 두 가지로 분류할 수 있다[1]. 중국에서는 전통적으로 단어를 크게 실사(实词)와 허사(虛词)의 두 가지로 분류해 왔다. 실사란 말 그대로 의미가 구체적이고 명확하며 문장의 주요 성분으로 쓰이는 단어를 가리키고 허사란 의미가 추상적이고 불명확하며 문장의 주요 성분으로 쓰이지 못하는 단어를 가리킨다. 실사에는 명사, 동사, 형용사, 수사, 양사, 대사와 같은 품사가 포함되고, 허사에는 부사, 개사, 접속사, 조사, 의성사 등 품사가 포함된다. 감탄사는 그 기능과 의미가 독특해 실사와 허사 어디에도 포함되지 않는다. 실사는 다시 명사, 대사, 수사, 양사 등의 체언(体词)과 동사, 형용사와 일부 대사 등의 용언(谓词)으로 나눌 수 있다. 이상을 표로 정리하면 다음과 같다.

〈표: 중국어 품사 분류표〉

<table>
<tr><td rowspan="7">실사</td><td rowspan="4">체언</td><td>명사</td><td>学生 老师 火车 老虎 人生 名字 去年 学校</td></tr>
<tr><td>수사</td><td>一 二 三 四 五 六 八 十 百 千 万 亿</td></tr>
<tr><td>양사</td><td>个 位 口 本 把 张 所 斤 次 下 趟 回</td></tr>
<tr><td>대사</td><td>我 你 他 这 那 哪 谁 什么 几 哪儿</td></tr>
<tr><td rowspan="3">용언</td><td>대사</td><td>这样 那样 怎么 怎样</td></tr>
<tr><td>동사</td><td>是 看 说 听 想 学 去 买 卖 玩儿 开始</td></tr>
<tr><td>형용사</td><td>大 小 多 少 高 矮 胖 瘦 漂亮 高兴 老实</td></tr>
<tr><td colspan="2" rowspan="5">허사</td><td>부사</td><td>不 没 很 非常 就 才 都 也 仍然 已经</td></tr>
<tr><td>개사</td><td>从 把 将 被 让 叫 离 对 对于 关于</td></tr>
<tr><td>접속사</td><td>跟 和 或 或者 可是 不但 而且 因为 所以</td></tr>
<tr><td>조사</td><td>了 着 过 的 地 得 吗 呢 吧 啊 嘛 呗</td></tr>
<tr><td>의성사</td><td>砰 轰隆 哗啦 咚咚 哗哗 唧唧喳喳 滴滴哒哒</td></tr>
<tr><td colspan="3">감탄사</td><td>喂 嗯 哼 嗐 唔 哟 哎呀</td></tr>
</table>

---

1) 여기서는 중국어의 품사를 모두 12개로 분류하고 있지만 책에 따라서는 17개(朱德熙,1982), 15개(北大中文系, 2007), 14개(黃伯荣/廖序东, 1991) 등으로 다양하게 분류하고 있다. 차이는 주로 명사에서 시간사, 장소사, 방위사를 분리하느냐, 형용사에서 관형사나 상태사를 분리하느냐, 조사에서 어기조사를 분리하느냐 등에 의해 나타난다.

2.2 실사(实词)－체언(体词)

2.2.1 명사(名词)

1) **명사의 일반적인 성질**: 의미적으로 명사는 사람이나 사물을 나타낸다. 사람이나 사물에는 구체적인 것도 있고 추상적인 것도 있으며 시간이나 장소, 방위를 나타내는 것도 있다.

구체적인 것: 学生　老虎　电脑
추상적인 것: 念头　现象　文化
시간/장소/방위: 今天　学校　前面

기능적으로 명사는 주로 주어와 빈어로 쓰인다.

(1) 电脑很贵。
컴퓨터는 아주 비싸다.
(2) 他们在玩电脑。
그들은 컴퓨터를 가지고 놀고 있다.

명사는 수식구조의 관형어와 중심어로도 쓰인다.

(3) 她很喜欢电脑游戏。
그녀는 컴퓨터 오락을 아주 좋아한다.
(4) 我买了一台很贵的电脑。
나는 아주 비싼 컴퓨터를 한대 샀다.

여기서는 电脑라는 명사가 (1)에서는 주어로, (2)에서는 빈어로, (3)에서 电脑游戏라는 수식구조의 관형어로, (4)에서는 很贵的电脑라는 수식구조의 중심어로 각각 쓰이고 있다.

명사는 대개 단독으로 위어로 쓰이지 못하지만 일부 단독으로 위어로 쓰이는 경우도 있으며 명사적인 성격의 수식구가 위어로 쓰이는 경우는 적지 않다.

(5) 今天中秋。
오늘은 추석이다.
(6) 他山东人。
그는 산동사람이다.

(5)에서는 中秋라는 명사가 단독으로 위어로 쓰이고 있고 (6)에서는 山东人이라는 수식구가 위어로 쓰이고 있다. 이런 문장은 명사적인 성분이 위어로 쓰인다고 해서 명사위어문(名词谓语句)이라고 한다.

명사는 수사와 직접 함께 쓰일 수 없고 수사와 명사 사이에 반드시 양사가 쓰여야 한다. 그래서 수사와 양사가 하나처럼 붙어 움직이는 경우가 많아 이런 구를 수량구(数量词组)라고 한다. 수량구는 주로 명사를 수식하므로 수사, 양사, 명사가 수량명구조(数量名结构)를 이루기도 한다.

三件衣服(세 벌의 옷)
两本书(두 권의 책)

명사는 수사와 직접 함께 쓰일 수 없기 때문에 三件衣服, 两本书 등은 三衣服, 两书라고 말할 수 없고 둘 사이에 반드시 件, 本 등의 양사가 필요하다. 수량구에서 수사 자리에는 지시대사나 의문대사가 올 수도 있다.

지시대사가 쓰인 경우: 这本书(이 책) 那条狗(그 개)
의문대사가 쓰인 경우: 几本书(몇 권의 책) 哪条狗(어느 개)

2) 시간사, 장소사, 방위사: 명사 중에서도 시간, 장소, 방위를 나타내는 것들은 기능적으로 다른 명사와는 다소 차이가 있어 시간사(时间词), 장소사(处所词), 방위사(方位词) 등 별도의 품사로 분류하기도 한다.

시간사(时间词)는 일반 명사와 비슷하나 위어로 쓰이는 경우가 많고 在나 到의 빈어로 쓰일 수 있다는 점에서 차이가 있다.

(7) 快周末了。
곧 주말이다.
(8) 一幕惨案就在这天上午发生。
한 참극이 바로 이날 오전에 발생했다.
(9) 有的人耐心等待，直到晚上。
어떤 사람은 저녁때까지 참을성 있게 기다린다.

장소사(处所词)도 일반 명사와 비슷하나 '到~去' 사이에 들어갈 수 있고 在나 到의 빈어로 쓰일 수 있다는 점에서 차이가 있다.

(10) 大部分成名的，都到大城市去了。
대부분 이름이 난 사람들은 모두 대도시로 갔다.
(11) 中国法学会第六次大会在京闭幕。
중국 법학회 제6차 대회가 북경에서 폐막했다.

(12) 我现在还记得第一次到中国上海的情景。

나는 지금도 처음 중국 상해에 갔던 광경을 기억하고 있다.

반면 일반 명사의 경우 이렇게 쓰일 수 없고 这儿, 那儿 같은 장소를 나타내는 말을 같이 써야 한다.

(13) 请您马上到总经理那儿去一下。

당신 바로 사장님께 한번 가 주시죠.

(14) 孩子放在我妈那儿。

아이는 우리 엄마네에 두었다.

방위사(方位词)는 그 범위가 비교적 명확하고 문법적인 기능도 일반 명사와 더 큰 차이가 있다. 방위사는 단순방위사와 합성방위사의 두 가지로 나눌 수 있다. 단순방위사에는 上, 下, 前, 后, 里, 外, 内, 中, 左, 右, 东, 西, 南, 北 등이 있다. 단순방위사는 문장 내에서 홀로 쓰이는 경우는 많지 않지만 성어나 속담과 같은 숙어에서는 홀로 쓰이거나 짝을 이루어 쓰이기도 한다.

(15) 这份幸运可能是空前绝后的。

이런 행운은 전무후무할 것 같다.

(16) 上有天堂下有苏杭。

위에는 천당이 있고 아래에는 소주와 항주가 있다.

서면어에서도 홀로 쓰이는 경우가 있다.

(17) 非工作人员请勿入内。

关계자 외 출입을 금합니다.

(18) 长城西起嘉峪关东至山海关。

만리장성은 서쪽 嘉峪关에서 시작해 동쪽 山海关에 이른다.

단순방위사는 방향이나 장소를 나타내는 개사의 빈어로 쓰이기도 한다.

(19) 那所房子是朝南的。

그 집은 남향이다.

(20) 到了十字路口往右拐。

사거리에 가서 오른쪽으로 꺾어라.

단순방위사는 다른 명사의 앞이나 뒤에 쓰여 시간이나 장소를 나타내는 표현을 만든다.

명사의 앞에 위치한 경우: 上星期 下星期 南城 东门

명사의 뒤에 위치한 경우: 两天后 一个月内 地下 床上

간혹 동사 뒤에 쓰여 시간을 나타내는 경우도 있다.

(21) 他念完大学后马上找到了工作。

그는 대학을 마친 후에 곧 직장을 구했다.

(22) 上半场结束前，韩国队仍然保持领先。

전반전이 끝나기 전 한국팀은 여전히 앞서고 있었다.

일반 명사가 장소를 나타낼 때는 뒤에 방위사를 붙여야 하는 경우가 있다.

(23) *桌子有一本汉英词典。

→ 桌子上有一本汉英词典。

탁자 위에는 중영사전 한 권이 있다.

합성방위사는 단순방위사 앞에 以나 之가 붙거나 뒤에 边, 面, 头이 붙어 만들어지며 방향, 장소, 시간 등을 나타낸다.

以前　以后　之上　之下

上边　下边　前面　后面　外头　里头

합성방위사는 문장 내에서 비교적 자유롭게 홀로 쓰인다.

(24) <u>前边</u>有一条小河。

앞에는 작은 강이 있다.

(25) 他还在<u>外面</u>。

그는 아직 밖에 있다.

보통 명사는 수량사의 수식을 받을 수 있고 정도부사의 수식은 받을 수 없다. 반면 방위사는 수량사의 수식을 받을 수 없고 정도부사의 수식을 받는 경우도 있다.

(26) 您要拨打的号码暂时无法接通，请<u>稍后</u>再拨。

지금은 통화를 원하시는 번호와 연결이 안 되니 잠시 후 다시 걸어주세요.

(27) 最里边的座位就是他的。

가장 안쪽에 있는 자리가 바로 그의 것이다.

(26)에서 稍라는 정도부사는 后라는 단순방위사를 수식하고 있으며 (27)에서 最라는 정도부사는 里边이라는 복합방위사를 수식하고 있다.

2.2.2 수사(数词)와 양사(量词)

1) 수사와 양사의 일반적인 성질: 의미적으로 수사는 말 그대로 수를 나타내며 양사는 사물이나 동작의 양을 나타내는데 쓰인다.

수사는 일부 습관적인 용법이나 수학 계산이 아니라면 홀로 쓰이지 못한다.

(28) 买一送一。

하나 사면 하나를 더 준다.

(29) 二加二是四。

2 더하기 2는 4이다.

(28)는 광고 등에 쓰이는 습관적인 용법이고 (29)는 단순한 수학계산이다. 기능적으로 수사는 양사와 함께 수량구(数量词组)를 구성한 후 사물의 수량(명량사구)이나 동작의 횟수(동량사구)를 나타내며 주로 관형어나 보어로 쓰인다.

(30) 我和他吃了一顿饭。

나와 그는 밥 한 끼를 먹었다.

(31) 我得去釜山一趟。

나는 부산에 한 번 갔다 와야 한다.

수량구는 간혹 주어로 쓰이는 경우도 있다. 하지만 이 경우 수사는 대개 一이고 문장 전체는 부정형태이며 강조의 의미를 나타낸다.

(32) 一顿也没有吃。

한 끼도 먹지 않았다.

(33) 一点儿也不便宜。

조금도 싸지 않다.

양사가 중첩되어 주어로 쓰이는 경우도 있다.

(34) 个个都很漂亮。

하나하나 모두 아주 아름답다.

(35) 顿顿吃得非常饱。

끼니마다 아주 배부르게 먹는다.

양사 앞의 수사가 一인 경우 수사 一가 생략되는 경우도 있다.

(36) 你还是买辆自行车吧。

너 그래도 자전거 한 대 사라.

(37) 我下午出去买点菜。

나는 오후에 나가서 야채를 좀 산다.

(36)는 一辆自行车의 수량명 구조에서 수사 一가 생략된 것이며 (37)는 一点菜의 수량명 구조에서 수사 一가 생략된 것이다.

2) **수사와 양사의 분류**: 수사는 기수와 서수의 구분이 가능하다. 기수는 단순히 수를 나타낸다.

一 三 六 八 十 百 千 万

서수는 순서를 나타내는데 기수 앞에 접두사 第를 붙여 나타낸다.

第二天(두 번째 날)　　第三行(세 번째 줄)

양사는 사물을 세는 명량사(名量词)와 동작을 세는 동량사(动量词) 두 가지로 나뉜다. 두 가지 양사는 모두 양사로만 쓰이는 전용양사(专用量词)와 다른 품사의 단어를 양사로 빌려 쓰는 차용양사(借用量词)로도 나뉜다. 이상을 표로 정리하면 다음과 같다.

〈표: 중국어 양사 분류표〉

명량사	전용양사	一个人　一位客人　一张纸　一斤苹果
	차용양사	一碗饭　一身衣服　一箱子书　一屋子人
동량사	전용양사	讨论一次　敲一下　去一回　看一遍
	차용양사	看一眼　踢一脚　放一枪　砍一刀

어떤 양사를 쓰는가는 사물이나 동작의 특징에 의해 결정된다. 특정 사물이나 동작이 어떤 양사를 쓰는가를 정확하게 예측하기는 힘들지만

같은 양사를 쓰는 사물이나 동작은 분명 어떤 공통점이 있다. 사람들은 사물이나 동작의 다양한 측면 중에서 특정한 면에 주목해 그에 맞는 양사를 쓴다. 예를 들면 명량사 张은 넓고 얇은 특징을 가진 사물에, 把는 손으로 잡기 쉬운 특징을 가진 사물에 쓰인다.

张: 三张床　两张纸　一张桌子
把: 一把刀　两把伞　三把椅子

양사 张을 같이 사용하는 사물 중에서 床(침대)과 纸(종이)는 넓고 얇은 특징을 가졌다는 것이 이해하기 쉽지만 桌子(탁자)의 경우 그렇지 못하다. 하지만 탁자의 경우에도 넓고 얇은 표면이 탁자의 기능에서 중심적이라는 점에서 침대나 종이 등의 다른 사물과 공통점이 있다. 양사 把를 같이 사용하는 사물의 경우에도 刀(칼)와 伞(우산)은 손잡이가 있어 손으로 잡기 쉬운 특징을 가졌다는 것이 이해하기 쉽다. 椅子(의자)의 경우 손잡이가 따로 있는 것은 아니지만 대개 손으로 잡기 쉬운 부분이 있고 의자를 옮길 때 이 부분이 주로 활용된다는 점에서 칼이나 우산 등 다른 사물과 공통점이 있다.

또 동량사 遍은 '처음부터 끝까지' 진행되는 특징을 가진 동작에, 趟은 '갔다 오는' 왕복되는 특징을 가진 동작에 쓰인다.

(38) 那本书我从头又看了一遍。
그 책을 나는 처음부터 한번 다시 봤다.
(39) 下午我要去一趟仁川。
오후에 나는 인천에 한번 다녀오려고 한다.

양사에는 확정되지 않은 양을 나타낼 때 쓰이는 些나 点같은 부정양사(不定量词)도 있다.

(40) 这些东西太贵了。
이들 물건은 너무 비싸다.

(41) 他买了一点水果。
그는 과일을 조금 샀다.

대부분의 명사는 직접 수사의 수식을 받지 못하지만 일부 명사는 수량구(数量词组)가 아닌 수사의 수식을 직접 받기도 하는데 이런 명사는 양사의 성격도 가지고 있는 것으로 보아 준양사(准量词)라고 부른다.

年　天　小时　星期

준양사 중에서도 年, 天 등은 양사와 함께 쓰일 수 없지만 小时나 星期 등은 양사와 함께 쓰이기도 하고 그렇지 않기도 한다. 즉 三小时，一星期는 三个小时와 一个星期라고도 말할 수 있으나 一年, 两天은 一个年이나 两个天이라고 할 수 없다.

3) 자주 쓰이는 수사와 양사

① 一: 수사 중에서도 一는 단순히 숫자를 나타내는 외에 특별한 용법들도 있다. 우선 一는 '가득', '전체'의 의미를 나타내는 경우가 있다.

(42) 当时我确实出了一身冷汗。
당시 나는 정말 온몸에 식은땀이 났다.

(43) 他收藏了满满一屋子的外文书

그는 한 방 가득 외국서적을 소장하고 있다.

또 一는 짧은 동작이나 변화, 가정의 의미 등을 나타내기도 한다.

(44) 一抬头就能看见大海。

고개를 들면 바로 대해를 볼 수 있다.

(45) 一有新的消息, 你们应该通知我。

새로운 소식이 있으면 나에게 알려줘야 한다.

(44)에서 一는 동사나 형용사 앞에서 갑자기 발생한, 짧은 동작이나 변화를 나타낸다. 이 경우 대개 곧이어 다른 말이 이어지고 一와 就가 호응을 이루는 경우도 있다. (45)에서는 一가 동사 앞에 쓰여 아직 일어나지 않은 일을 나타내 가정의 의미를 나타낸다.

② 二과 两: 수사 二과 两는 모두 '둘'을 나타내지만 용법이 다르다. 보통 양사 앞에서는 两을 많이 쓴다.

两个人　两张纸　两条新闻

하지만 도량형을 나타내는 양사의 경우 二과 两를 모두 쓸 수 있다.

二斤　二尺　二公里

两斤　两尺　两公里

수사 十앞에는 二만 쓸 수 있고 숫자의 시작부분에서 百앞에는 二과 两을 모두 쓸 수 있다.

二十　二十三　二十九
二百二　两百六十三

숫자의 시작부분에서 千, 万, 亿 앞에는 两이 많이 쓰이고 숫자의 중간부분에서 百, 千, 万 앞에는 二이 많이 쓰인다.

两千五　两万三　两亿
两千二百　三万二　五亿二千万

서수, 분수, 소수, 백분율 등에는 二만 쓸 수 있으며 숫자의 마지막 부분에도 二만 쓸 수 있다.

서수: 第二名　二楼
분수: 二分之一　三分之二
소수: 二点一　三点二二
백분율: 百分之二十　百分之五十二

③ 点: 양사 点은 사물의 양을 나타내는 명량사로도 쓰이며 확정되지 않은 양을 나타내는 부정양사로도 쓰인다. 우선 명량사로서 点은 의견이나 희망, 내용 등을 셀 때 사용된다.

(46) 校长着重强调了两点意见。

교장선생님은 두 가지 의견을 중점적으로 강조하였다.

(47) 他对公司提出了三点希望。

그는 회사에 세 가지 희망사항을 제시했다.

(48) 我还有两点要说明。

나는 아직 두 가지를 설명해야 한다.

부정양사로서 点은 적은 양을 나타낸다. 주로 儿화시켜 点儿의 형태로 사용하며 수사 一와 결합하는 경우가 많고 간혹 半과 같이 쓰이는 경우도 있다.

(49) 我一点儿胃口也没有。

나는 입맛이 전혀 없다.

(50) 他对自己的能力没有半点儿怀疑。

그는 자신의 능력에 대해 반쪽의 의심도 없다.

点이 동사나 형용사 뒤에 '약간', '조금'의 의미를 나타내기도 한다.

(51) 地面滑，小心点儿。

땅이 미끄러우니 좀 조심해라.

(52) 我来得比你早一点儿。

나는 너보다 조금 일찍 왔다.

비슷한 형태로 有点(儿)도 '약간', '조금'의 의미를 나타낼 수 있으나 有点(儿)은 동사나 형용사 앞에 쓰이며 주로 좋지 않은 상황에 쓰인다.

(53) 我还是有点儿怀疑。

나는 여전히 약간 의심이 든다.

(54) 他这么说，有点太过分。

그가 이렇게 말하는 것은 조금 지나쳤다.

2.2.3 대사(代词)

중국어의 대사(代词)란 한국어나 영어의 대명사(代名词)와 비슷하다. 대명사란 말 그대로 명사를 대신하는 단어라는 뜻으로 한국어나 영어에서 대명사는 명사적인 성분만을 대신한다. 하지만 중국어에서는 품사와 상관없이 어떤 성분을 대신하는 단어들을 한데 모아 대사라고 부른다. 따라서 중국어의 대사는 대부분 체언에 속하지만 용언성분을 대신하는 일부 대사는 용언에 속하기도 한다.

의미적으로 대사는 인칭대사(人称代词), 지시대사(指示代词), 의문대사(疑问代词)의 세 가지로 나눌 수 있다.

1) **인칭대사(人称代词)**: 사람을 가리키는 대사이다.

1인칭: 我　我们　咱们

2인칭: 你　您　你们

3인칭: 他(她)　他们

기타: 自己　别人　人家　大家

我, 我们, 咱们은 일인칭을 가리킨다. 我는 일인칭 단수를 我们과 咱们은 일인칭 복수를 나타낸다. 여기서 们은 대사나 일부 명사 뒤에 붙여 복수를 나타내는 접미사이다. 我们과 咱们은 모두 일인칭 복수이지만 약간의 차이가 있다. 咱们은 말하는 쪽과 듣는 쪽 모두를 포함하며 주로 북방 구어에 쓰인다.

(55) 咱们都是一家人。
우리는 모두 한 식구이다.

여기에서 咱们은 말하는 쪽과 듣는 쪽을 다 포함한 '우리'를 가리킨다. 하지만 我们은 咱们과 달리 말하는 쪽만을 가리키고 듣는 쪽은 포함하지 않는다.

(56) 明天我们去看你。
내일 우리는 가서 너를 보겠다.

(56)에서 我们에는 듣는 쪽인 你가 포함되어 있지 않다. 하지만 문장을 쓰거나 강연을 할 때는 我们이 말하는 쪽과 듣는 쪽을 모두 포함할 수도 있는 등 我们과 咱们간의 차이가 뚜렷하지 않는 경우도 있다.

你, 您, 你们은 이인칭을 가리킨다. 您은 상대방을 높여 부를 때 쓰인다. 他, 她, 它, 他们은 모두 삼인칭을 가리킨다. 他, 她, 它는 발음이 모두 같지만 글로 쓸 때는 차이가 있는데 남성을 가리킬 때는 他를, 여성을 가리킬 때는 她를, 사물을 가리킬 때는 它를 쓴다.

自己는 바로 앞에 나온 명사나 대사를 다시 가리킨다.

(57) 他并不知道自己做了什么。
그는 자신이 무엇을 했는지 모른다.

(58) 这么小的孩子怎么照顾自己呢？

이렇게 어린 아이가 어떻게 자신을 돌보겠는가?

(57)에서 自己는 바로 앞에 나온 대사 他를 가리키며 (58)에서 自己는 바로 앞에 나온 孩子를 가리킨다.

别人은 청자와 화자를 제외한 다른 사람들에 대한 총칭이다.

(59) 别人看不见的，我却能看见。

다른 사람이 보지 못하는 것을 나는 볼 수 있다.

(60) 你不喜欢，别人说得再好，也不要买。

네가 싫으면 다른 사람이 아무리 좋게 말해도 사지 말아라.

人家는 别人처럼 다른 사람에 대한 총칭에 쓰일 수도 있고 단순히 삼인칭에 쓰일 수도 있으며 때에 따라서는 일인칭에 쓰일 수도 있다.

(61) 人家能做到的，我们为什么不能做到？

다른 사람이 할 수 있는 것을 우리는 왜 할 수 없는가?

(62) 人家要请，他们也不好不去。

다른 사람이 청하는데 그들도 안 가기 어렵다.

(63) 你别开玩笑了，人家笑得肚子都疼死了。

너 농담 그만 해라, 웃다가 배가 다 아파 죽겠다.

(61)에서 人家는 특정하지 않은 다른 사람들을 가리키고 (62)에서 人家는 같은 삼인칭이지만 특정한 누군가를 가리키며 (63)에서 人家는 일인칭으로 자기 자신을 가리킨다.

大家는 일정한 범위 내의 모든 사람을 가리킨다.

(64) 他这么一说，大家都松了一口气。
그가 이렇게 말하자 모두들 한 시름 놓았다.

(65) 他们优质的服务，给大家留下了深刻的印象。
그들의 우수한 서비스는 모두에게 깊은 인상을 남겼다.

기능적으로 인칭대사는 명사와 그 성격이 비슷해서 주어, 빈어, 관형어 등으로 많이 쓰인다.

(66) 他们发现了一个石室。
그들은 석실을 하나 발견했다.

(67) 人人都喜欢他们。
사람들은 모두 그들을 좋아한다.

(68) 当时我们都不太了解他们的困境。
당시 우리는 모두 그들의 곤경을 잘 알지 못했다.

2) 지시대사(指示代词): 사람이나 사물을 가리키는데 쓰인다. 지시대사는 단순지시대사와 복합지시대사로 나뉜다.

단순지시대사에는 가까운 곳을 가리키는 这와 먼 곳을 가리키는 那가 있다. 단순지시대사 这와 那는 문장 내에서 단독으로 쓰이는 경우는 많지 않고 주로 수식구조의 수식어로 양사나 명사와 함께 쓰이는 경우가 많다.

(69) 那位先生我记得昨天也来过一次。

저 신사분은 어제도 한번 왔던걸로 기억한다.

(70) 几百块都花了，你就别心疼这几块钱了。

몇백원도 썼는데 이 몇원 아까워하지 말아라.

여기서 단순지시대사 간혹 단독으로 주어로 쓰이는 경우가 있는데 이때 동사는 주로 是이다.

(71) 这是怎么回事?

이것은 어떻게 된 일이니?

(72) 那就是诈骗行为。

그건 바로 사기 행위이다.

这와 那가 바로 앞에 나온 내용을 가리키며 뒤 부분과 연결하는 고리 역할을 하기도 한다.

(73) 最近几个月韩元汇率不断升值，这将导致韩国出口企业业绩下降。

최근 몇 달간 원화가치가 지속적으로 올라가는데 이는 한국 수출기업 실적하락을 초래할 것이다.

(74) 大家都认为目前的情况比较特殊，那我们来看看情况到底有多特殊吧。

모두들 지금의 상황이 좀 특수하다고 생각하는데 그럼 도대체 상황이 얼마나 특수한지 우리 보자.

복합지시대사는 这와 那가 里, 儿, 会儿, 么, 样 등과 결합해 지시의미와 관련된 장소, 시간, 성질 등을 가리키는 것이다.

장소: 这里(这儿)/那里(那儿)

시간: 这会儿/那会儿

성질/방법/정도: 这么/那么　这样/那样　这么样/那么样

장소나 시간을 나타내는 복합지시대사는 그 기능이 장소사나 시간사와 비슷하다.

(75) 她考虑再三，把孩子的户口迁到了这儿。

그녀는 심사숙고해 아이의 호적을 여기로 옮겨왔다.

(76) 那会儿车正好经过新华门。

그때 마침 차는 신화문을 지나고 있었다.

这么와 那么는 대개 부사어로 쓰여 방법이나 정도를 나타낸다.

(77) 他们没有必要这么做。

그들은 이렇게 할 필요가 없다.

(78) 我们能管得了那么多吗?

우리가 그렇게 많이 상관할 수 있나?

这么와 那么는 수량사와 함께 관형어로 쓰이기도 한다.

(79) 给我这么点儿钱，够买什么?

내게 이 정도의 돈을 주면 뭘 살 수 있나?

(80) 他身上有那么一股文人气息。

그에게는 그런 문인의 분위기가 있다.

这么와 那么는 着와 함께 주어나 위어로 쓰이는 경우도 있다.

(81) 那么着也行。

그렇게 해도 괜찮다.

(82) 那就这么着吧。

그럼 이렇게 하자.

那么는 那처럼 앞 뒤 문장을 연결하는 고리 역할을 하기도 한다.

(83) 所有人都说我是坏人，那么索性就坏到底吧。

모든 사람들이 내가 나쁜 사람이라고 말하는데 그렇다면 차라리 제대로 나빠 보자.

(84) 我看你已经下定了决心，那么不要再犹豫了。

내가 보니 네가 이미 결심을 했는데 그럼 더 이상 망설이지 말아라.

这样/那样과 这么样/那么样은 기능이 비슷한데 주어, 빈어, 관형어로도 쓰이고,

(85) 这样可以"花小钱省大钱"。

이러면 적은 돈을 쓰고 많은 돈을 절약할 수 있다.

(86) 事实并不是这样。

사실은 절대 이렇지 않다.

(87) 天下有那么样的好事吗?

세상에 그렇게 좋기만 한 일이 있어?

위어, 부사어로도 쓰인다.

(88) 没办法，就这样吧。

방법이 없으니 그냥 이렇게 하자.

(89) 但是我们不那么样做。

하지만 우리는 그렇게 하지 않는다.

3) 의문대사(疑问代词): 의문을 제기하는데 쓰인다. 의문의 내용에는 다음 몇 가지가 있다.

사람: 谁

사물: 什么　哪

장소: 哪儿　哪里

수량: 几　多少

방법/상태: 怎么　怎样　怎么样

이유/원인: 为什么　怎么

사람이나 사물을 묻는 谁, 什么는 그 기능이 명사와 비슷해서 주로 주어, 빈어, 관형어로 쓰인다.

(90) 谁是此次疯狂涨价背后的最大赢家？

누가 이번 미친듯한 가격상승의 최대 수혜자인가?

(91) 造成这样现象的原因究竟是什么？

이런 현상이 생겨난 원인은 도대체 무엇인가?

(92) 你对这种环保活动有什么评价？

당신은 이런 환경보호운동에 어떤 평가를 하는가?

什么는 시간을 나타내는 时候와 함께 什么时候의 형태로 시간을 묻는 표현을 만든다.

(93) 他具体什么时候取代我的职务?

그가 구체적으로 언제 내 일을 대신하죠?

(94) 不知什么时候起，我们发现他不再是一个孩子了。

언제부터인지 모르겠지만 우리는 그가 더 이상 어린 애가 아니라는 것을 발견했다.

哪는 주로 관형어로 쓰여 양사를 수식한다.

(95) 哪位是你们的老板?

어느 분이 너희 사장님이니?

(96) 哪些行业利润最高呢？

어떤 업종이 이윤이 가장 좋은가?

장소를 묻는 哪儿(哪里)은 장소사와 기능이 비슷해서 일반 명사처럼 주어, 빈어, 관형어로도 쓰이고 '到~去' 사이에 들어갈 수 있고 在나 到의 빈어로 쓰일 수 있다.

(97) 你要到哪儿去?

너 어디에 가려고 하니?

(98) 你想在哪儿跟他见面?

너 어디서 그와 만나려고 하니?

几와 多少는 수량을 묻는데 쓰이는데 几는 주로 작은 수에, 多少는 수의 크기에 제약 없이 쓰인다.

(99) 你家有几口人?

너희 집에는 몇 식구가 있니?

(100) 你们中文系一共有多少学生?

너희 중문과에는 모두 몇 명의 학생이 있니?

수의 크기 외에도 几와 多少는 양사의 사용에 있어서도 다소 차이가 있다. 几는 명사와 직접 결합하지 못하고 중간에 적절한 양사를 필요로 한다. 하지만 多少는 多少钱처럼 중간에 양사를 아예 쓸 수 없는 경우도 있지만 양사를 쓸 수도 쓰지 않을 수도 있는 경우도 있다. 예를 들면 (100)에서 多少学生은 多少뒤에 양사를 넣어 多少个学生이라고도 할 수 있다.

怎么, 怎样, 怎么样은 주로 부사어로 쓰여 방법이나 상태 등을 묻는다.

(101) 假期生活应该怎样安排?

방학생활을 어떻게 계획해야 할까?

(102) 你是怎么知道他的手机号码的?

넌 그 사람 핸드폰 번호를 어떻게 안거니?

怎么, 怎样, 怎么样은 위어로 쓰여 상태를 묻기도 한다.

(103) 他究竟怎么样?

그는 도대체 어떤거니?

(104) 我们生活的世界怎么了?

우리가 생활하는 세계가 어떻게 되었는가?

怎么, 怎样, 怎么样은 간혹 관형어로 쓰여 상태나 성질을 묻기도 한다.

(105) 这到底是怎么回事?

이건 도대체 어떻게 된 일인가?

(106) 公司究竟面临着怎么样的压力呢?

회사는 도대체 어떤 압력에 직면하고 있는가?

为什么는 이유나 원인을 묻는데 쓰인다.

(107) 他们为什么失去了自己固有的节奏 ?

그들은 왜 자신들만의 리듬을 잃었는가?

(108) 您当初为什么接拍这部电影?

당신은 처음에 어째서 이 영화를 찍게 되었습니까?

怎么는 원래 방법이나 상태를 묻는 대사이지만 이유나 원인을 묻는 것으로 보이는 경우도 있다.

(109) 你怎么现在才回来呢?

너는 왜 지금에야 돌아오니?

(110) 大家怎么还相信她呢？

사람들은 어째서 아직도 그녀를 믿는가?

의문대사는 경우에 따라 의문을 나타내지 않는 경우도 있다. 어떤 것이든 모두 그렇다는 뜻을 나타내는 경우(任指)와 실제로 가리키는 것이 없는 경우(虚指)가 그것이다.

(111) 这件事谁都知道。

이 일은 누구나 다 안다.

(112) 我们好像在哪儿见过面。

우리는 어디선가 만난 적이 있는 것 같다.

(111)에서 谁는 '누구나'라는 뜻으로 모든 사람을 가리키며 (112)에서 哪儿은 '어디선가'라는 뜻으로 실제로 가리키는 것이 없다.

2.3 실사(实词)－용언(谓词)

2.3.1 동사(动词)

1) 동사의 일반적인 성질: 동사는 의미적으로 동작을 나타낸다. 기능적으로 동사는 위어, 보어, 관형어, 부사어, 주어, 빈어 등으로 쓰일 수 있지만 홀로 어떤 문장성분으로 쓰이는 경우보다는 술빈, 술보, 주위, 수식 등의 구를 이루어 문장성분으로 쓰이는 경우가 많다.

우선 동사는 위어로 많이 쓰인다.

(113) 小金也来了。
小金도 왔다.
(114) 我们吃点东西吧。
우리 뭘 좀 먹자.

동사는 보어로도 쓰인다.

(115) 我的手机你找到了吗?
내 핸드폰 너 찾아냈니?
(116) 从中不难看出他的诚意。
그중에서 그의 성의를 알아보기 어렵지 않다.

동사는 관형어, 부사어 등으로 쓰이기도 한다.

(117) 昨天买的书我已经看完了。
어제 산 책을 나는 벌써 다 봤다.
(118) 他们有些急躁，在楼下来回地走动。
그들은 약간 초조해서 건물 밑에서 이리저리 걸어다녔다.

동사가 주어나 빈어로 쓰이기도 한다.

(119) 一切都勿庸置疑，怀疑是可耻的。
모든 것은 의심할 여지가 없으니 의심하는 것은 부끄러운 것이다.

(120) 韩国连续剧我真的喜欢看。

한국 연속극을 나는 정말 좋아한다.

대다수 동사는 부정부사 不와 没의 수식을 받을 수 있다.

(121) 小金说，他今天不来了。

그는 오늘 오지 않는다고 小金이 말했다.

(122) 我们一整天没吃东西。

우리는 하루 종일 먹지 않았다.

대다수의 동사 뒤에는 了, 着, 过 등 동태조사가 따라올 수 있다.

(123) 我已经看了那部电影。

나는 그 영화를 이미 봤다.

(123') 我正在看着那部电影。

나는 그 영화를 보고 있다.

(123") 我已经看过那部电影了。

나는 그 영화를 본 적이 있다.

2) 자동사와 타동사: 동사는 그 숫자도 많고 성질도 다양해서 여러 가지 기준에 따라 분류가 가능하다. 우선 동사는 뒤에 빈어가 따라오느냐의 여부를 기준으로 자동사(不及物动词)와 타동사(及物动词)로 나뉜다. 吃나 看, 研究 등과 같이 뒤에 빈어가 따라올 수 있는 동사를 타동사, 来나 休息 등과 같이 빈어가 따라올 수 없는 동사를 자동사라고 한다.

(124) 全国人大常委会正研究该法的修改方案。

전국인민대표대회 상무위원회는 지금 그 법의 수정방안을 연구하고 있다.

(125) 您也要多休息，今后一定注意安全。

당신도 많이 쉬고 다음부터는 꼭 안전에 유의해야 합니다.

또한 타동사는 빈어의 성격을 기준으로 추가적인 분류도 가능하다. 빈어는 대개 체언성분이지만 용언성분일 수도 있는데 체언성격의 빈어만을 취하는 동사를 체빈동사(体宾动词)라고 한다.

(126) 我昨天买了一件衣服。

나는 어제 옷 한 벌을 샀다.

(127) 小马又打了一个电话。

小马는 또 전화를 했다.

(126)에서 买는 一件衣服라는 수량명 구조를 빈어로 취하고 있으며 (127)에서 打도 역시 一个电话라는 수량명 구조를 빈어로 취하고 있다. 한편 용언성격의 빈어도 취할 수 있는 동사를 용빈동사(谓宾动词)라고 한다.

(128) 她很喜欢跳舞。

그녀는 춤추는 것을 좋아한다.

(129) 我觉得学汉语很有意思。

나는 중국어를 배우는 것이 아주 재미있다고 느낀다.

(128)에서 喜欢이라는 동사는 跳舞라는 술빈구조를 빈어로 취하고 있고 (129)에서 觉得라는 동사는 学汉语很有意思라는 주위구조를 빈어로 취하고 있다.

보통 동사는 하나의 빈어만을 취하지만 동사에 따라서는 두 개의 빈어(双宾语)를 취하는 경우도 있다.

(130) 我送了她一条项链。
나는 그녀에게 목걸이 하나를 주었다.

(131) 我曾教过他一两句韩语。
나는 그에게 한국어 한두마디를 가르쳐준 적이 있다.

3) 능원동사(能愿动词): 능원동사는 항상 용언성격의 빈어만 취하므로 일종의 용빈동사라고 할 수 있는데 의지(要，想，愿意，肯，敢), 당위(应该，应当，应，该，得), 가능(可以，能，会), 추측(可能, 会) 등의 의미를 나타낸다. 이들 동사는 가능이나 희망을 나타낸다고 해서 능원동사라고 하고 주된 동작을 나타내는 동사를 도와 보조적인 의미를 나타낸다고 해서 조동사(助动词)라고도 한다.

능원동사는 다른 동사와 달리 중첩할 수 없고 동태조사가 따라올 수 없다는 특징이 있다. 능원동사는 수는 많지 않지만 사용빈도는 높고 능원동사 간의 의미와 용법 차이도 파악하기 쉽지 않다. 아래에서는 자주 쓰이는 능원동사의 의미와 용법을 알아보자.

① 要: 要는 어떤 일을 하고자 하는 필요나 의지, 추측 등의 다양한 의미를 나타낸다.

(132) 你们一定要把所有力量集中起来。

너희는 반드시 모든 역량을 결집해야 한다.

(133) 下课以后，我要去趟图书馆。

수업이 끝나고 나는 도서관에 한번 다녀오려 한다.

(134) 今年的形势要比去年好。

올해의 상황이 작년보다 좋을 것이다.

要가 능원동사가 아닌 일반동사로 쓰이는 경우도 있는데 이때는 '요구하다', '원하다'의 의미로 쓰인다.

(135) 我并没有跟你要过什么啊!

내가 너한테 뭘 달라고 했던 적도 없잖아!

(136) 你们怎么要我的钱呢?

너희들 어떻게 내 돈을 원하니?

② 想: 想은 어떤 일을 하고자 하는 의지를 나타내지만 要보다는 약한 의지를 나타낸다.

(137) 他想了解一下这里的情况。

그는 이곳의 상황을 이해하고자 한다.

(138) 今天的作业还没完成，我想回家做作业。

오늘 숙제를 다 하지 못했기 때문에 나는 집에 돌아가서 숙제를 하려고 한다.

想은 정도부사의 수식을 받을 수도 있다.

(139) 我很想看看那里的风景。

나는 정말 그곳의 경치를 구경하고 싶다.

(140) 我更想说说那些老百姓关注的事情。

나는 그런 일반 국민들이 관심을 가지는 일에 관해 더 말하고 싶다.

想도 능원동사가 아닌 일반동사로 쓰이는 경우가 있는데 이때는 '생각하다', '그리워하다'의 의미로 쓰인다.

(141) 他想了一会儿，还是摇头。

그는 잠시 생각하더니 역시 고개를 저었다.

(142) 孩子们年纪还小，都非常想家。

아이들이 아직 나이가 어려 다들 집을 그리워한다.

③ 可以와 能: 可以와 能은 의미가 비슷해서 어떤 조건을 갖추고 있음, 사정상 허용됨을 나타낸다.

(143) 会都开完了，你就可以下班回家了。

회의도 끝났으니 당신은 퇴근해 집에 가도 된다.

(144) 明天我还有事儿，不能陪你了。

내일 나는 일이 더 있어서 너와 같이 할 수 없겠다.

可以는 허락이나, 어떤 일을 할 가치가 있음을 나타내는 경우가 있다.

(145) 我可以进来吗?

나 들어가도 되니?

(146) 这本书，你可以买一本看看。

이 책은 네가 한권 사서 좀 볼 만하다.

能은 어떤 일에 능함을 나타내기도 하며 이때는 정도부사의 수식을 받을 수 있다.

(147) 公司发言人的这次发言也能说明问题。

회사 대변인의 이번 발언도 문제를 잘 설명해준다.

(148) 他平时很能说话，但人一多就非常紧张。

그는 평소에는 말을 아주 잘하지만 사람이 많으면 너무 긴장한다.

④ 会: 会는 가능 중에서도 '배워서 할 줄 안다'라는 의미를 나타내며 또 '~할 것이다'라는 추측의 의미를 나타내기도 한다.

(149) 大堂经理还得会说英语。

홀매니저는 영어도 할 줄 알아야 한다.

(150) 他不会同意我这样做。

그는 내가 이렇게 하는 것에 동의하지 않을 것이다.

会도 能처럼 어떤 일에 능함을 나타내기도 하며 이때는 정도부사의 수식을 받기도 한다. 하지만 이때도 会는 배워서 어떤 일에 능하게 되었음을 나타낸다.

(151) 那家伙真会说话，人们都很喜欢他。

그 녀석은 말을 정말 잘 해서 사람들은 모두 그를 좋아한다.

(152) 笔者有一位朋友很会点菜。

필자에게는 음식을 아주 잘 주문하는 친구가 하나 있다.

⑤ 应该, 应当, 该, 应: 이들 능원동사는 모두 '마땅히 ~해야 한다'는 당위의 의미를 나타낸다.

(153) 任何一个职业，男性和女性都应该有同样的机会。

어느 직업이든 남성과 여성은 동등한 기회가 있어야 한다.

(154) 这一改革应当如何进行?

이 개혁은 어떻게 진행되어야 하는가?

또 당위의 의미와 관련하여 강한 추측을 나타내기도 한다.

(155) 从她的经历来看，她的年纪应该在40岁上下。

그녀의 경력으로 볼 때 그녀의 나이는 40세 전후일 것이다.

(156) 这类卡车最大载重该是五吨左右。

이런 트럭의 최대 적재량은 5톤 정도일 것이다.

该는 '该~了'의 형태로 '~할 때가 되다', '~차례가 되다'라는 의미를 나타내기도 한다.

(157) 都两点了，我们该吃饭了。

벌써 두시다. 우리 밥 먹을 때가 됐다.

(158) 该你了，发表一下你的意见吧。

네 차례가 됐다. 네 의견을 발표해봐라.

⑥ 肯, 敢: 肯은 '기꺼이 ~하다'라는 의미를, 敢은 '감히 ~하다'라는 의미를 나타낸다.

(159) 他们俩都肯吃苦，生意做的还比较顺利。

그들 둘은 모두 고생을 마다하지 않았기 때문에 장사는 그런대로 잘 됐다.

(160) 在此情况下谁敢说他是个失败者呢?

이런 상황에서 누가 그가 실패자라고 말할 수 있겠는가?

4) 동사의 중첩(重叠): 상당수의 동사는 중첩해서 사용할 수 있는데 단음절 동사의 중첩형태는 AA이고 읽을 때는 두 번째 음절을 약하게 읽는다.

(161) 他们你<u>看看</u>我，我<u>看看</u>你，悄无声息地走开了。

그들은 서로 잠시 바라보더니 소리 없이 가버렸다.

(162) 这个问题先谈到这儿，下面我们<u>说说</u>义务活动问题吧。

이 문제는 우선 여기까지 얘기하고 다음은 우리 봉사활동 문제를 말해 봅시다.

이음절 동사의 중첩형태는 ABAB이고 읽을 때는 '강하게-약하게-약간 강하게-약하게'의 순서로 읽는다.

(163) 我们应该向他学习学习。

우리는 그에게 좀 배워야 한다.

(164) 你到村里打听打听，谁都知道！

당신이 마을에 가서 좀 알아봐라, 누구든 알고 있다.

동사의 중첩형태는 동작이 지속되는 시간이 짧음, 반복되는 횟수가 적음, 강도가 약함을 나타내며 전체적으로 가벼운 느낌을 준다. 따라서 동사의 중첩은 남에게 어떤 동작을 하자고 권유하거나, 혹은 하라고 명령할 때 많이 쓰인다.

(165) 我们一起来学习学习吧。

우리 같이 좀 배우자.

(166) 我一会儿就好了，你再等等。

나는 금방 다 되니까 너 조금만 더 기다려라.

동사의 중첩형태 사이에는 동태조사나 숫자 一가 들어가는 경우도 있는데 이때도 의미는 비슷하다.

(167) 她抬头往四周看了看。

그녀는 고개를 들어 사방을 둘러 보았다.

(168) 其实你自己想一想就知道了。

사실 네가 잠시만 생각해보면 안다.

중국어에서 많은 동사가 중첩해서 쓰일 수 있지만 중첩할 수 없는 동사도 있는데 어떤 동사가 중첩이 가능한가는 동사 자체의 의미와 밀접한 관련이 있다. 대개 동작의 의미가 강하고 또 동작을 통제할 수 있는 경우 쉽게 중첩되고 그렇지 않은 경우 잘 중첩되지 않는다. 따라서 동작의 의미가 약하고 동작을 통제할 수 없는 爱, 病, 醉, 喜欢, 希望, 以为 등의 동사는 중첩이 되지 않는다.

동사의 중첩여부는 동사가 나타내는 의미와 밀접하게 관련되므로 같은 동사라도 나타내는 의미에 따라 중첩될 수도 혹은 되지 않을 수도 있다. 예를 들면 咳嗽(기침하다)라는 동작은 보통 누군가 통제할 수 없기 때문에 잘 중첩될 수 없으나 통제할 수 있는 상황이 주어지면 중첩되기도 한다.

(169) 让他咳嗽咳嗽，不一定咳出鱼刺来。
생선가시를 뱉어낼지도 모르니 그에게 기침을 좀 하게 해라.

2.3.2 형용사(形容词)

1) 형용사의 일반적인 성질: 형용사는 의미적으로 성질이나 상태를 나타내며 기능적으로 위어와 관형어, 보어 등으로 많이 쓰인다.

(170) 这个姑娘很漂亮。
이 아가씨는 아주 예쁘다.

(171) 她是一个很漂亮的姑娘。
그녀는 아주 예쁜 아가씨이다.

(172) 这个姑娘长得很漂亮。

이 아가씨는 참 예쁘게 생겼다.

일부 형용사는 부사어로 쓰이기도 한다.

(173) 他非常愉快地拿起了一支毛笔。

그는 아주 즐겁게 붓 한 자루를 집어들었다.

(174) 他们将仔细研究每一名候选人的资料。

그들은 각 후보자의 자료를 자세히 연구할 것이다.

위의 예문에서처럼 형용사는 단독으로 쓰이기보다는 대부분 정도부사와 함께 쓰인다. 또 형용사는 부정부사 不의 수식을 받을 수도 있다.

(175) 他的孩子个子不高。

그의 아이는 키가 크지 않다.

(176) 大家似乎对北京队都很不满意。

모두들 북경팀에 아주 불만인 것 같다.

2) 형용사의 중첩: 일부 형용사는 중첩해서 사용할 수 있는데 단음절 형용사의 중첩형태는 AA나 AA儿이고 읽을 때는 첫 번째 음절은 원래 성조대로 읽고 두 번째 음절은 보통 얼화(儿化)시켜 일성으로 읽거나 원래 성조대로 읽는데 첫 음절보다 두 번째 음절을 강하게 읽는다.

(177) 高高的楼梯上坐满了人。

높다란 계단에 사람이 가득 앉았다.

(178) 金老师远远儿地看了一下操场。

김선생님은 멀리 운동장을 한번 보았다.

이음절 형용사의 중첩형태는 AABB이고 읽을 때는 '강하게-약하게-보통-보통'의 순서로 읽는다.

(179) 他每天都高高兴兴地回来。

그는 매일 아주 즐거워서 돌아온다.

(180) 老孙大大方方地走过去和他握手。

老孙은 시원스럽게 걸어가 그와 악수했다.

형용사의 중첩형태는 의미적으로 정도의 심화나 호감을 나타낸다. 형용사의 중첩형태는 이런 부가적인 의미를 나타내는 것 외에 기능적인 변화를 수반하는 경우도 있다. 상술한 바와 같이 형용사는 위어, 관형어, 보어 등의 문장성분으로 쓰이지만 어떤 문장성분으로 쓰이든 단독으로 쓰이기보다는 부사와 함께 쓰이는 경우가 많다. 하지만 중첩 후에는 비교적 자유롭게 단독으로 위어, 관형어, 보어 등 문장성분으로 쓰인다.

(181) 房间里干干净净的，你不用再打扫了。

방안은 깨끗하니 너는 다시 청소할 필요가 없다.

(182) 他总是那种朴朴素素的衣着。

그는 항상 그런 아주 순박한 옷차림이다.

(183) 这件事他还记得清清楚楚的。

이 일을 그는 아직 아주 명확하게 기억하고 있다.

일부 형용사는 부사어로 쓰일 수 있지만 부사어로 쓰일 수 없는 형용사도 많다. 그런데 본래 부사어로 쓰이지 못하던 형용사가 중첩 후에는 부사어로 쓰이는 경우도 있다.

(184) 他<u>重重</u>地给了我一记耳光。
그는 내게 묵직하게 따귀 한 대를 날렸다.

(185) 他<u>笨笨</u>地倒在草地上。
그 사람은 둔하게 풀밭으로 쓰러졌다.

형용사 重과 笨은 본래 부사어로 쓰이지 못하지만 여기서는 중첩 후에 부사어로 쓰이고 있다.

3) 관형사와 상태사: 중국어의 형용사는 의미적으로는 성질이나 상태를 나타내고 기능적으로 위어나 관형어, 보어로 쓰이고 정도부사나 부정부사의 수식을 받을 수 있는 단어를 가리킨다. 하지만 일부 단어들은 의미적으로는 성질이나 상태를 나타내고 있어 전통적으로 형용사로 분류되어 왔지만 상술한 형용사의 기능을 모두 갖추지 못한 경우가 있다. 일부 문법서에서는 이런 단어들을 별개의 품사로 분류하기도 하는데 그것이 바로 관형사(区别词)와 상태사(状态词)이다.

① 관형사: 관형사란 公, 母, 男, 女, 金, 银, 唯一, 日常, 公共, 崭新 등 단어로 이런 단어는 의미적으로 성질이나 상태를 나타내고 있어 형용사와 비슷한 듯 보인다. 하지만 부정부사나 정도부사의 수식을 받을 수 없고 위어나 술어, 보어로도 쓰일 수 없어 문법적인 기능이 아주 제한되어 있다. 이들은 주로 명사를 수식하거나 구조조사 的와만 함께 쓰인다.

男孩儿(남자 아이)　　　　公共场所(공공장소)
公的(수컷의)　　　　唯一的(유일한)

또 관형사끼리 결합해 병렬구조를 이루는 경우도 있다.

不分男女(남녀를 구분하지 않다)
公私兼顾(공과 사를 모두 고려하다)

이들 단어는 주로 명사의 수식어로 쓰이며 의미적으로 사물을 구별하는 역할을 한다고 해서 중국어에서는 구별사(区别词)라고 부른다. 여기서는 한국어에서 비슷한 역할을 하는 단어에서 이름을 따서 관형사라고 부른다. 일부 문법서에서는 이들 단어를 관형사라는 별개의 품사로 보지 않고 형용사의 일종으로 분류하면서 위어와 보어 등 서술적인 용법으로 쓰이지 못한다고 해서 비서술형용사(非谓形容词)라고 부르기도 한다.

② 상태사: 상태사란 通红, 滚圆, 冰凉, 贼亮, 焦黄 등의 단어로 이런 단어도 의미적으로 성질이나 상태를 나타내고 있어 형용사와 비슷하다. 하지만 일반 형용사와 달리 중첩형태가 ABAB의 형태이다.

(186) 她美丽的双眼肿得<u>通红通红</u>的。
그녀의 아름다운 두 눈은 붉게 부어 있었다.
(187) 树叶变得<u>焦黄焦黄</u>的，一片片落在地上。
나뭇잎이 누렇게 변해서 한조각씩 땅에 떨어진다.

일반 형용사가 보통 정도부사와 결합한 후 관형어, 부사어, 보어 등 문장성분으로 쓰이는데 비해 이들 단어는 정도부사의 수식을 받을 수 없으며 일반 형용사보다 훨씬 자유롭게 단독으로 문장성분으로 쓰일 수 있다.

(188) 他开着贼亮的现代伊蓝特来我家作客。

그는 반짝거리는 현대 엘란트라를 몰고 우리 집에 방문했다.

(189) 湿透的衣服冰凉地贴在脊背上，十分难受。

흠뻑 젖은 옷이 차갑게 등에 붙어있어 정말 불편하다.

(190) 她眼睛睁得滚圆，一时说不上话来。

그녀는 눈을 동그랗게 뜨고는 잠시 말을 하지 못했다.

(188)에서는 贼亮이 단독으로 관형어로 쓰이고 있으며 (189)에서는 冰凉이 부사어로, (190)에서는 滚圆이 보어로 각각 쓰이고 있다.

또 일반 형용사는 단독으로 위어로 쓰일 경우 대비의 의미가 있지만 이들 단어는 단어 자체에 이미 정도의 의미를 포함하고 있어 정도 부사의 수식을 받을 수 없으며 대비의 의미 없이 단독으로 위어로 쓰인다.

(191) 我的脸一直通红。

내 얼굴은 줄곧 시뻘겋다.

(192) 住宅泳池的水仍冰凉。

저택 수영장의 물은 여전히 얼음처럼 차갑다.

한편 好好儿(的)나 高高兴兴(的)과 같은 일반 형용사의 중첩형태를 단어구성법의 일종으로 보아 상태사로 분류하기도 한다. 일부 문법서에서는 이들 단어를 상태사라는 별개의 품사로 보지 않고 역시 형용사의 일종으로 분류하면서 상태형용사(状态形容词)라고 부르기도 한다.

2.3.3 동사와 형용사의 구분

1) 동사와 형용사의 공통점: 중국어에서 동사와 형용사는 나타내는 의미는 다르지만 기능적으로 유사한 점이 많다. 의미적으로 동사는 동작이나 행위를 나타내고 형용사는 성질이나 상태를 나타낸다. 기능적으로 동사와 형용사는 모두 위어로 쓰일 수 있다.

(193) 他们俩经常合作。
그들 둘은 자주 협력한다.
(194) 这架飞机相当快。
이 비행기는 상당히 빠르다.

동사와 형용사는 모두 술보구조의 술어로도 쓰일 수 있고 보어로 쓰일 수도 있다. 다음은 동사 到가 술보구조의 술어로 쓰인 예와 보어로 쓰인 예이다.

(195) 没想到这么多人到得比我们早。
이렇게 많은 사람들이 우리보다 더 빨리 도착하리라고는 생각하지 못했다.
(196) 钥匙你找到了没有?
열쇠를 너는 찾았니?

다음은 형용사 干净이 술보구조의 술어로 쓰인 예와 보어로 쓰인 예이다.

(197) 这个房间干净得一点灰尘也没有。

이 방은 조금의 먼지도 없을 정도로 깨끗하다.

(198) 房间收拾得很干净。

방은 아주 깨끗하게 정리되었다.

그리고 동사와 형용사는 모두 부사어의 수식을 받을 수 있다.

(199) 我刚吃了饭。

나는 방금 밥을 먹었다.

(200) 你的想法完全正确。

너의 생각은 아주 정확하다.

그 외 동사와 형용사는 보통 부정부사 不의 수식을 받아 부정을 나타낸다.

(201) 我不吃饭了。

나는 밥을 먹지 않겠다.

(202) 你的想法不正确。

너의 생각은 정확하지 않다.

동사와 형용사는 뒤에 조사 了가 올 수 있다.

(203) 我看了一本书。

나는 책을 한 권 봤다.

(204) 这件衣服小了一点儿。

이 옷은 약간 작다.

2) **동사와 형용사의 차이점**: 이처럼 동사와 형용사는 기능적으로 많은 공통점이 있지만 둘 간의 차이도 적지 않다. 가장 중요한 차이는 첫째, 빈어를 수반할 수 있는가와 둘째, 정도부사의 수식을 받을 수 있는가이다. 동사는 빈어를 수반할 수 있지만 형용사는 불가능하다.

(205) 今天下午我洗了许多衣服。

오늘 오후 나는 많은 옷을 빨았다.

(206) 我也同意他的意见。

나도 그의 의견에 동의한다.

반면 형용사는 정도부사의 수식을 받을 수 있지만 동사는 대개 불가능하다.

(207) 他个子很小。

그는 키가 아주 작다.

(208) 雪岳山非常高。

설악산은 매우 높다.

하지만 이 두 가지 차이가 동사와 형용사를 완벽하게 구분하지는 못한다. 일부 동사는 빈어를 수반할 수 없고 또 일부 동사는 정도부사의 수식을 받기도 하기 때문이다. 우선 동사는 빈어의 유무에 따라 타동사와 자동사의 두 가지로 나뉜다. 따라서 동사 중 자동사와 형용사는 모두 뒤에 빈어가 따라오지 않는다. 하지만 자동사의 경우 정도부사의 수식을 받을 수 없다는 점에서 형용사와는 구별된다. 또 심리활동을 나타내는 일부 동사는 정도부사의 수식을 받기도 한다. 하지만 이들 동사는 정도부사의 수식을 받는 동시에 뒤에 빈어가 따라 올 수 있기 때문에 형용사와 빈어를 가질 수 있기 때문에 형용사와 구별된다.

(209) 我突然很想去看大海。

나는 갑자기 너무 바다를 보러 가고 싶다.

(210) 她很喜欢孩子。

그녀는 아이를 아주 좋아하다.

한 단어가 형용사와 동사로 모두 쓰이는 경우도 있다. 이 경우 한 단어가 형용사와 동사의 두 가지 신분을 가지는 것으로 볼 수 있다.

(211) 这孩子老缠着我，太烦了。

이 아이는 항상 내게 붙어 있어서 너무 귀찮다.

(212) 我在看书呢，你别烦我。

나는 책을 보고 있으니 너는 나를 귀찮게 하지 말아라.

(211)에서 烦은 정도부사의 수식을 받고 빈어를 수반하지 않는 것으로 보아 형용사로 쓰이고 있다. (212)에서 烦은 빈어를 수반하고 있어 동사로 쓰이고 있다. 이런 경우 烦은 형용사이자 동사이며 이렇게 한 단어가 의미적인 관련성의 가지며 두 품사에 동시에 속하는 경우를 겸류(兼类)라고 한다.

일부 형용사 뒤에 빈어가 따라와 '~하게 만들다'라는 뜻을 나타내는 경우도 있는데 이런 경우도 형용사와 동사의 겸류로 볼 수 있다.

(213) 新宿舍楼的建成大大<u>方便</u>了学生的生活学习。

새 기숙사 건물의 준공은 학생들의 생활과 학습을 아주 편리하게 만들었다.

(214) 独具特色的社团活动极大地<u>丰富</u>了市民的文化生活。

각자 특색을 가진 동아리활동은 시민들의 문화생활을 아주 풍부하게 만들었다.

겸류에 관해서는 이 장의 마지막 부분에서 조금 더 살펴볼 것이다.

2.4 허사(虛词)

2.4.1 부사(副词)

1) 부사의 일반적인 성질: 부사는 그 구성원의 의미가 다양하고 쓰임새도 각기 다르지만 한 가지 공통점은 모두 부사어로 쓰인다는 것이다. 부사는 그 의미에 따라 대개 다음의 몇 가지로 나누어 볼 수 있다.

정도: 很, 挺, 太, 顶, 更, 最, 极, 越, 十分, 非常, 稍, 稍稍, 稍微, 略, 略微 등

범위: 都, 也, 总, 共, 一共, 总共, 统统, 只, 就, 光, 仅 등

시간: 还, 又, 再, 正, 就, 才, 先, 刚刚, 常常, 曾经, 已经, 渐渐, 立刻, 永远 등

중복: 还, 又, 再, 重, 重新 등

부정: 不, 沒, 未, 別, 勿, 莫, 休 등

어기: 就, 也, 却, 倒, 都, 偏偏, 简直, 幸亏, 难道, 到底, 究竟, 也许, 大概 등

부사는 문법적인 기능이 다양하지 않아 부사어 이외의 다른 문장성분으로 잘 쓰이지 않는다.

(215) 我们常去图书馆借书。
나는 자주 도서관에 가서 책을 빌린다.

(216) 他们已经下班了。
그들은 이미 퇴근했다.

일부 부사는 꾸며주는 말이 아닌 연결성분으로 쓰이기도 한다.

(217) 我们公司的发展又快又好。
우리 회사의 발전은 빠르기도 하고 좋기도 하다.

(218) 你有什么问题，就问我吧。
너 무슨 문제가 있으면 바로 나에게 물어봐라.

정도를 나타내는 很, 极 등 몇몇 부사는 보어로 쓰이기도 한다.

(219) 他这个人好得很。
이 사람은 정말 좋다.

(220) 你这个意见好极了。
너의 이 의견은 정말 좋다.

어떤 부사는 한 가지 의미만을 나타내지만 또 어떤 부사는 여러 가지 의미를 나타낸다. 예를 들면 很은 정도, 马上은 시간, 简直는 어기만을 나타내는 등 한 가지 의미만을 나타내지만 就는 범위, 시간, 어기 등 여러 의미로 쓰인다.

(221) 房间里就他一个人，没有别人。

방안에는 그 한 사람뿐 다른 사람은 없다.

(222) 中国的经济总量去年就超过了日本，中国已成了世界第二大经济体。

중국의 경제규모는 작년에 벌써 일본을 넘어서 중국은 이미 세계 제2의 경제체가 되었다.

(223) 终于找到了，我们要找的就是这种味道。

결국 찾아냈다. 우리가 찾으려던게 바로 이런 맛이다.

부사는 부사어로만 쓰이지만 부사어로 쓰인다고 모두 부사는 아니다. 즉 부사 외에 다른 품사의 단어들도 부사어로 쓰일 수 있다.

(224) 你再仔细看看就会发现问题的。

다시 자세히 좀 살펴보면 너는 문제를 발견할 것이다.

(225) 山上的云无声无息地消失了。

산의 구름은 살며시 사라졌다.

(224)에서 부사어로 쓰인 仔细는 형용사이며 (225)에서 부사어로 쓰인 无声无息는 동사구이다.

(224)에서처럼 형용사도 부사어로 쓰이기 때문에 형용사와 부사를 구

분하기 힘든 경우도 있다. 하지만 의미가 비슷하고 모두 부사어로 쓰일 수 있더라도 그 기능을 자세히 살펴보면 형용사와 부사를 구분할 수 있다. 부사는 부사어로만 쓰일 뿐 다른 문장성분으로 쓰일 수 없지만 형용사는 부사어 외에 관형어나 위어로 쓰일 수 있다. 의미가 비슷한 忽然과 突然 두 단어를 예로 살펴보자. 두 단어는 모두 한국어로 '갑자기'의 의미로 쓰일 수 있지만 그 기능에 있어서 차이가 있는데 우선 忽然은 부사어로 쓰이는 외에 다른 기능이 없다.

(226) 我忽然认出了她。
나는 갑자기 그녀를 알아봤다.

하지만 突然은 부사어 외에 관형어, 위어 등으로도 쓰인다.

(227) 我现在突然感觉很疲惫。
나는 지금 갑자기 아주 피곤함을 느낀다.
(228) 这突然的枪响把他吓个半死。
이 갑작스런 총소리는 그의 얼을 반쯤 빼놓았다.
(229) 这件事对他来说太突然了。
이 일은 그에게 있어서 너무 갑작스러웠다.

여기서 부사어로만 쓰인 忽然은 부사이고 부사어 외에 다른 문장성분으로도 쓰인 突然은 형용사이다.

2) 자주 쓰이는 부사의 용법: 부사는 구성원 각각의 의미가 다양하고 쓰임새도 다르기 때문에 그 의미와 쓰임새를 하나 하나 배우는 수밖에 없

다. 부사는 허사의 일종으로 그 의미를 설명하기가 쉽지 않은데 아래에서는 예문을 중심으로 자주 쓰이는 몇몇 부사들의 의미와 용법에 대해 알아보자.

① 不，没(有): 不，没는 모두 부정부사로 동사나 형용사 앞에서 부정을 나타내지만 용법에 차이가 있으며 대체로 상보적(相補的) 분포를 보인다. 不는 주로 주관적인 의지나 습관적인 동작, 혹은 성질이나 상태에 대한 부정을 나타낸다.

(230) 今天他不去上班。
오늘 그는 출근하지 않는다.
(231) 这个地方冬天不下雪。
이 지역은 겨울에 눈이 내리지 않는다.
(232) 我个子不太高。
나는 키가 그다지 크지 않다.

没는 没有라고 쓰기도 하며 동작의 발생, 완료에 대한 부정을 나타낸다.

(233) 今天他没有去上班。
오늘 그는 출근하지 않았다.
(234) 我没去过广州。
나는 광주에 가본 적이 없다.

(230)과 (233)은 모두 '그가 오늘 출근을 하다'에 대한 부정을 나타내지만 둘 간에는 약간의 차이가 있는데 (230)는 주관적인 의지로 가지 않은 것이고 (233)는 동작의 발생에 대한 부정으로 가지 못했을 수도 있고 가

지 않았을 수도 있다.

중국어에는 부사 没외에도 동사로 쓰이는 没가 있다. 동사 没는 뒤에 명사가 쓰여 동사 有에 대한 부정을 나타낸다.

(235) 冰箱里什么东西也没有。
냉장고 안에는 아무 것도 없다.

(236) 我没汽车，只有一辆自行车。
나는 차는 없고 자전거 한대만 있다.

② 才，就[2]: 就와 才가 시간을 나타내는 말 뒤에 쓰이면 就는 '생각보다 빨리'의 의미를 才는 '생각보다 늦게'의 의미를 나타낸다.

(237) 那孩子从小就开始学英语了。
그 아이는 어려서부터 영어를 공부하기 시작했다.

(238) 他上了大学才开始学英语。
그는 대학에 들어가서야 영어를 배우기 시작했다.

才는 시간을 나타내는 말 앞에서 '생각보다 빨리'의 의미를 나타내는 경우도 있다.

(239) 做完作业才八点，我想看一会儿电视。
숙제를 다 하고 나니 8시 밖에 안돼서 TV를 잠깐 보려고 한다.

---

2) 就는 부사 외에 서면어에서 개사로 쓰여 '~관하여'라는 의미를 나타내는 경우도 있다. 예를 들면, 两国领导人就韩中关系交换了意见。(양국 지도자는 한중관계에 관해 의견을 교환했다)

(240) 学校的教学楼才一年就盖好了。

학교의 강의동 건물은 1년만에 다 지었다.

그 외 就는 범위나 어기를 나타내기도 한다.

(241) 他就知道他妈一个人。

그는 자기 엄마 한 사람 밖에 모른다.

(242) 我就不信我学不会。

나는 내가 배울 수 없으리라 생각하지 않는다.

③ 都, 也: 都는 주로 범위를 나타내며 앞에서 언급한 사람이나 사물을 모두 포함한다.

(243) 我们都参加了这次考试。

우리는 모두 이번 시험에 참가했다.

(244) 他们都是我们班的同学。

그들은 모두 우리 반 급우들이다.

都는 의문대사와 함께 쓰여 의문대사가 묻는 내용을 전체적으로 총괄하는데 쓰이기도 한다.

(245) 最近你都看了些什么书?

요즘 너 무슨 책들 봤니?

(246) 你都去过中国的哪些地方?

너 중국의 어떤 동네들을 가봤니?

어기를 나타내는 都는 다음과 같은 문장에도 쓰인다.

(247) 他看都不看一眼就走了。
그는 한번 쳐다도 안 보고 그냥 갔다.
(248) 都十二点了，他怎么还不来呢?
벌써 12시인데 그 사람은 왜 아직 안 오지?

也는 기본적으로 '~도'의 의미를 나타낸다.

(249) 一些市民和行人也遭到洪水袭击。
일부 시민과 행인도 홍수의 습격을 받았다.
(250) 他一句韩文也听不懂。
그는 한마디 한국어도 알아듣지 못한다.

都와 也는 범위 외에 어기를 나타낼 때는 비슷한 의미를 나타내기도 한다.

(251) 无论怎样，他都不会来。
어쨌든 그는 오지 않을 것이다.
(252) 不管你说什么，他也不会相信的。
네가 무슨 말을 하든 그는 믿지 않을 것이다.

都와 也는 连 등과 함께 쓰이거나 홀로 쓰여 '~조차', '심지어'의 의미를 나타내기도 한다.

(253) 连我都不知道，谁能知道！

나도 모르는데 누가 알 수 있겠는가!

(254) 连他也去过中国，其他的人更不用说了。

그도 중국에 가봤으니 다른 사람은 말할 필요도 없다.

④ 还: 부사 还는 '여전히/역시', '그 외 또'의 의미를 나타낸다.

(255) 我看他还是个小孩。

내가 보기에 그는 여전히 아이이다.

(256) 除了北京以外，我还去过上海。

북경 외에 나는 상해도 가보았다.

또 '아직', '그럭저럭' 등의 의미를 나타내기도 한다.

(257) 小王的韩语还不太流利。

小王의 한국어는 아직 그다지 유창하지 않다.

(258) A: 韩国电影"野蛮女友"怎么样？

한국 영화 "엽기적인 그녀" 어때?

B: 还可以。

그럭저럭 괜찮아.

还는 부사 외에도 동사로도 쓰이는데 부사 还는 hái로 읽는데 반해 동사 还은 huán으로 읽고 '돌려주다'라는 의미이다.

(259) 他不还我的钱，却有钱买房。

그는 내 돈은 안 돌려주면서 집 살 돈은 있다.

(260) 你给我一个机会，我还你一个惊喜。

당신이 나에게 기회를 주면 뜻밖의 기쁨을 돌려주겠다.

⑤ 快(要)，就(要)，将(要): 快，就，将 이 세 개의 부사는 모두 동작이나 행위가 '곧 발생한다'는 의미를 나타내며 바로 뒤에 要가 붙는 경우가 많다. 将(要)는 글로 쓸 때 많이 사용하고 말할 때는 快(要)와 就(要)가 많이 쓰이는데 快나 就 하나만 쓰는 것보다 快要나 就要로 쓰는 것이 시간이 더 긴박함을 나타낸다. 문장 끝에 어기조사 了가 함께 쓰여 快要~了, 就要~了의 형태로 쓰이기도 한다.

(261) 他们快要回中国了。

그들은 곧 중국으로 돌아간다.

(262) 天气一天比一天暖和，看来春天就要到了。

날씨가 날이 갈수록 따뜻해지는 것을 보니 봄이 곧 오겠다.

(263) 这次论坛将要展示最新研究成果。

이번 포럼은 최신 연구성과를 선보이게 된다.

快要와 就要의 의미가 비슷하기는 하지만 약간의 차이는 있는데 就要가 快要보다 시간적으로 조금 더 긴박함을 나타내며 또 就要 앞에는 시간을 나타내는 표현이 자유롭게 올 수 있으나 快要 앞에는 已经 외에는 시간을 나타내는 표현이 올 수 없다.

(264) 再有两个星期就要放假了。

두 주만 있으면 방학이다.

(265) 上半场比赛已经快要结束了，比分还是零比零。

전반전 경기가 이미 거의 끝나가는데 점수는 아직도 0:0이다.

⑥ 又，再: 又，再는 한국어로 모두 '또', '다시'로 번역될 수 있지만 그 의미에는 차이가 있다. 又의 '또'나 '다시'는 이미 일어난 일에 쓰이고 再는 아직 일어나지 않은 일에 쓰인다.

(266) 这部电影很有意思，昨天我又看了一次。

이 영화는 아주 재미있어서 나는 어제 또 봤다.

(267) 这部电影很有意思，下星期我想再看一次。

이 영화는 아주 재미있어서 나는 다음 주에 또 볼 생각이다.

又는 어떤 상황이 동시에 존재하거나 어떤 일이 연이어 일어남을 나타내기도 한다.

(268) 外面下着雨，又刮着大风，你最好不要出去。

밖에 비가 내리고 있고 큰 바람까지 불고 있으니 너 나가지 않는 것이 좋겠다.

(269) 他刚出去又回来了。

그는 나가더니 금방 다시 돌아왔다.

再는 '어느 시점, 상황이 되면 다시'의 의미나 '더' 혹은 '아무리'의 의미를 나타내기도 한다.

(270) 我们先吃饭再说吧。
우리 우선 밥을 먹고 다시 얘기하자.

(271) 条件再好，我也不答应。
조건이 아무리 좋아도 나는 받아들이지 않겠다.

(271)에서 再는 '아무리'의 의미를 나타내지만 이 '아무리'는 '다시', '또'의 의미와도 밀접하게 관련이 되어 있다. 즉 조건이 좋은데 여기에 다시 더 좋아지고 더 좋아지는 것이 반복되면 결국 '아무리 좋아도'의 의미를 나타내게 된다.

⑦ 在, 正: 부사 在는 동사 앞에 쓰여 동작의 지속을 나타낸다.

(272) 爸爸在看电视。
아빠는 TV를 보고 있다.

(273) 你在找什么呀?
너 뭘 찾고 있니?

부사 正도 지속이나 진행을 나타내는데 正과 在가 함께 쓰이기도 하며 이때 순서는 항상 正이 앞에 在가 뒤에 나온다.

(274) 事情正在逐步向好的方向发展。
상황은 점차 좋은 방향으로 발전하고 있다.

(275) 美国经济的疲软正在影响到欧洲及其他地区。

미국 경제의 침체가 유럽과 기타 지역에 영향을 끼치고 있다.

동사 뒤에 동태조사 着나 문장 끝에 어기조사 呢가 같이 쓰이는 경우도 있으며 呢가 쓰이면 구어적인 색채가 강하다.

(276) 我也正想着这个问题呢。

나도 이 문제를 생각하고 있었어.

(277) 爸爸在看着电视呢。

아빠는 TV를 보고 있다.

在는 부사 외에 동사로도 쓰인다. 동사로 쓰이는 在는 '~에 있다'라는 뜻을 나타낸다.

(278) 喂，李老师在家吗？

여보세요, 이선생님 집에 계신가요?

(279) 他早已不在人世了。

그는 이미 이 세상에 있지 않다.

在는 부사 외에 개사로도 쓰인다. 개사로 쓰이는 在는 '~에서'라는 뜻을 나타내고 동작동사와 함께 쓰여 '~에서 ~을 하다'라는 뜻을 나타낸다.

(280) 李老师在书房里看书。

이선생님은 서재에서 책을 본다.

(281) 那件事发生在去年的夏天。

그 일은 작년 여름에 일어났다.

2.4.2 개사(介词)

1) 개사의 일반적인 성질: 개사는 개사의 빈어와 함께 개사구(介词词组)를 이루며 개사구는 동작이나 상태와 관련되는 시간, 장소, 방향, 근거, 방법, 목적, 원인, 사람, 사물 등을 나타낸다.

시간/장소/방향: 从，自，到，至，在，由，向，往，朝，于，当
근거/방법: 按，按照，照，根据，据，依，依照，以，用，就
목적/원인: 为，为了，为着，由于
사람/사물: 把，被，叫，给，让，由，管，对，对于，关于，跟，替，除，比，趁

개사와 그 빈어로 이루어진 개사구는 주로 용언성분을 수식하는 부사어로 쓰인다.

(282) 一直往前走就是图书馆。
쭉 앞으로 걸어가면 바로 도서관이다.
(283) 韩国人也用筷子吃饭[3]。
한국 사람도 젓가락으로 밥을 먹는다.
(284) 这些都是专门为你准备的。
이것들은 모두 너를 위해 특별히 준비한 것이다.
(285) 我弟弟比我高很多。
내 동생은 나보다 훨씬 크다.

---

3) 이런 예문의 用은 동사로도 또 개사로도 볼 수 있는데 원래 동사였던 단어가 차츰 개사로 발전하고 있는 것으로 보인다.

(282)에서 往이라는 개사는 前이라는 빈어와 함께 개사구를 구성해 走라는 용언성분을 수식하고 있고, (283)에서는 개사구 用筷子가 吃饭을 수식하고, (284)에서는 为你가 准备를, (285)에서는 比我가 高很多를 수식하고 있다. 그리고 이들 개사구는 (282)에서는 방향을, (283)에서는 방법을, (284)에서는 목적을 각각 나타내고 (285)에서는 관계되는 사람을 이끌어내고 있다.

일부 개사구는 관형어나 보어로 쓰이기도 한다.

(286) 他知道不少关于汽车的知识。

나는 자동차에 관한 지식을 많이 알고 있다.

(287) 别站在椅子上。

의자에 서있지 말아라.

개사구는 간혹 주어나 빈어로 쓰이는 경우도 있는데 이때 동사는 대개 是이다.

(288) 从上午9点到下午6点是工作时间。

오전 9시부터 오후 6까지는 업무시간이다.

(289) 这都是为了你呀。

이게 다 너를 위해서잖니.

현재의 개사는 대부분 동사로부터 발전해 왔기 때문에 지금도 일부 개사는 동사로도 쓰인다.

(290) 他在图书馆看书。

그는 도서관에서 책을 본다.

(291) 他还在图书馆。

그는 아직 도서관에 있다.

(290)에서 在는 개사로 '~에서'의 뜻을 나타내고 (291)에서 在는 동사로 '~에 있다'의 뜻을 나타낸다. 또 다른 예를 보자.

(292) 请您给我们介绍一下你了解到的情况。

우리에게 당신이 알아본 상황을 알려주시죠.

(293) 这次事件给了我一个巨大的警醒。

이 사건은 나에게 큰 깨우침을 주었다.

(292)에서 给는 개사로 '~에게'의 뜻을 나타내고 (293)에서 给는 동사로 '~에게 ~을 주다'의 뜻을 나타낸다.

개사는 그 빈어와 개사구를 구성하여 쓰일 뿐, 빈어 없이 개사만 쓰이지 못한다. 또 개사와 그 빈어로 구성된 개사구도 대개 홀로 쓰이지 못하고 홀로 쓰이더라도 이어지는 대화와 같은 경우에 제한된다.

(294) A: 我的一个朋友刚从四川回来。

내 친구 하나가 막 사천에서 돌아왔어.

B: 从哪儿回来？

어디서 돌아왔다고?

A: 从中国的四川。

중국 사천에서.

2) 자주 쓰이는 개사의 용법: 아래에서는 자주 쓰이는 개사의 의미와 용법에 대해 알아보자.

① 按, 照, 按照: 이들 개사는 모두 '~에 따라서'의 의미를 나타내며 照가 按이나 按照보다 구어에 많이 쓰인다. 이들 세 개사로 구성된 개사구는 주로 부사어로 쓰인다.

(295) 照他的说法，什么事都办不成。
그의 말에 따르면 아무 일도 할 수 없다.

(296) 双方正按规定办理有关手续。
양측은 규정에 따라 관련 수속을 처리하고 있다.

(297) 按照学校的规定，所有学生都要参加这个活动。
학교의 규정에 따르면 모든 학생은 이 행사에 참가해야 한다.

② 比: 比는 두 가지 사물이나 사건의 정도상의 차이를 드러내는 비교 구문을 만드는데 쓰인다. 比와 그 빈어로 구성된 개사구는 위어를 수식하는 부사어로 쓰인다. 비교문에는 형용사가 위어로 많이 쓰인다. 비교의 대상은 사람이나 사물일 수도 있고 사건일 수도 있다.

(298) 这个问题他比谁都清楚。
이 문제는 그가 누구보다 잘 안다.

(299) 坐地铁上班比坐公交车上班还方便。
지하철을 타고 출근하는 것이 버스를 타고 출근하는 것보다 더 편리하다.

(298)에서 비교의 대상은 他와 谁이라는 사람이고 (299)에서 비교의 대상은 坐地铁上班과 坐公交车上班이라는 사건이다.

동사나 혹은 동사구가 비교문의 위어로 쓰이는 경우도 적지 않다.

(300) 我比他更有钱。

내가 그보다 돈이 더 많다.

(301) 看来他比我能干。

그는 나보다 능력이 있어 보인다.

비교의 정도를 나타내기 위해 위어 뒤에 정도보어나 수량사를 사용할 수도 있다.

(302) 老李比我高很多。

老李는 나보다 훨씬 크다.

(303) 公司利润比去年同期增长80%以上。

회사의 이익이 작년 동기대비 80%이상 증가했다.

③ 把, 将: 개사 把와 将은 모두 'A把(将)B怎么样'의 형태로 쓰여 'A가 B를 어떻게 해버리다'의 의미를 나타낸다. 따라서 개사 把나 将이 쓰인 문장을 '처치문(处置句)' 혹은 개사 把가 쓰인 문장이라고 해서 '把자문(把字句)'이라고 한다. 把와 将의 의미나 기능은 같지만 把는 구어와 서면어에 고루 쓰이는 반면 将은 주로 서면어에만 쓰인다.

(304) 他已经把今天的作业做完了。

그는 오늘의 숙제를 벌써 다 해버렸다.

(305) 世界银行将2008年经济增长预期从3.3%调低至2.7%。

세계은행은 2008년 경제성장 전망을 3.3%에서 2.7%로 낮췄다.

把와 将이 처치의 의미를 나타내는 데는 몇 가지 특징이 있는데 첫째, 把와 将의 빈어는 화자와 청자가 알고 있는 특정한 것이다. (304)에서 作业는 일반적인 作业가 아니라 '오늘(今天)'의 作业이고 (305)에서 预期는 일반적인 预期가 아니라 '2008년의 경제성장(2008年经济增长)'에 대한 预期이다.

둘째, 위어 동사는 타동사로 강한 동작의 의미를 나타내며 이 동작은 把나 将의 빈어에 대해 직접적인 영향을 끼친다. (304)에서 做는 作业에 직접적인 영향을 끼치며 (305)에서 调低는 预期에 직접적인 영향을 끼친다. 타동사라도 동작의 의미가 약하고 把의 빈어에 직접적인 영향을 미치지 못하는 是, 有, 想, 去 등의 동사는 개사 把와 함께 처치문을 구성하지 못한다.

셋째, 위어부분이 동사 하나만 쓰이는 경우는 없고 복잡한 형태를 띠는데 대개 동사 뒤에 동태조사나 보어 혹은 빈어 등이 온다.

(306) 他把帽子丢了。

그는 모자를 잃어버렸다.

(307) 我把帽子洗得非常干净。

나는 모자를 아주 깨끗하게 빨았다.

(308) 你把帽子给我。

너 모자를 나에게 주라.

(306)에서 동사 丢 뒤에 了라는 조사가 쓰이고 있고 (307)에서 동사 洗 뒤에는 非常干净이라는 보어가 쓰이고 있으며 (308)에서 동사 给 뒤에는 我라는 빈어가 쓰이고 있다.

위의 몇 가지 특징은 모두 처치문이 나타내는 '무엇을 어떻게 해버리다'라는 의미와 밀접하게 관련된다. 첫째, 무엇을 어떻게 해버리기 위해서는 '무엇'이 명확해야 하므로 처치의 대상인 把의 빈어는 특정한 것이어야 한다. 둘째, 어떻게 해버리기 위해서는 동사가 강한 동작의 의미를 나타내고 처치의 대상에 직접적인 영향을 끼칠 수 있어야 한다. 셋째, 그냥 하는 것이 아니라 '해버리기' 위해서는 동사 하나만으로는 의미가 충분하지 못해서 동태조사, 보어, 빈어 등이 같이 쓰여 복잡한 형태를 띠어야 하는 것이다.

④ 被，给，叫，让: 이들 개사는 모두 피동의 의미를 나타내는 피동문을 구성한다. 피동을 나타내는 개사는 주로 被로 대표되기 때문에 피동문은 '被자문(被字句)'이라고도 한다. 이들 개사는 모두 'A被B怎么样'의 형태로 'A가 B에 의해 어떻게 되었다'라는 의미를 나타낸다.

(309) 帽子被他拿走了。
모자는 그가 가져갔다.

(310) 轿车给他开走了。
자동차는 그가 몰고 갔다.

(311) 啤酒叫他喝光了。
맥주는 그가 다 마셨다.

(312) 家里的钱全让他用光了。

집안의 돈은 그가 몽땅 다 썼다.

다만 被와 给는 동작의 행위자인 B 없이도 쓰이는 경우가 종종 있으나 叫나 让은 빈어 없이는 쓰이지 못한다.

(313) 我的要求被拒绝了。

나의 요구는 거절당했다.

(314) 帽子给拿走了。

모자는 가져가졌다.

叫와 让은 피동의 의미 외에도 사역의 의미를 나타내기도 하며 使도 같은 의미로 쓰인다. 이들은 'A叫B怎么样'의 형태로 'A가 B에게 어떻게 하도록 하다'의 의미를 나타낸다.

(315) 王先生叫全家人先睡觉。

왕선생은 모든 식구들에게 먼저 자도록 했다.

(316) 他让我再考虑一下。

그는 나에게 다시 한번 고려해보도록 했다.

(317) 这使我想起一件往事。

이것은 나에게 옛 일 하나를 생각나도록 한다.

叫와 让은 그외 동사로도 쓰일 수 있는데 동사로 叫는 '부르다', '~라고 불리다'의 의미를 나타낸다.

(318) 我反复叫了他三次。

나는 반복해서 그를 세 번 불렀다.

(319) 这些年轻人叫学生大使。

이들 젊은이는 학생대사라고 불린다.

동사로 让은 '양보하다'의 의미를 나타낸다.

(320) 你就让他一步。

네가 그한테 한 발 양보해라.

(321) 她还是个小孩，你就让着她，让她高兴。

그녀는 아직 애이니 네가 양보해서 기쁘게 해줘라.

(321)에는 두 개의 让이 쓰였는데 첫 번째 让은 동사로 '양보하다'의 뜻이고 두 번째 让은 사역의 뜻을 나타내고 있다.

⑤ 除, 除了: 이 두 개사는 모두 '~를 제외하고'의 뜻을 나타내며 外, 以外, 之外, 而外 등과 짝을 이루어 사용되기도 한다.

(322) 除现役运动员外，其他全部不限。

현역 운동선수 외에 다른 것은 제한이 없다.

(323) 除了做作业，孩子们还要参加各种辅导班。

숙제하는 것을 제외하고도 아이들은 여러 가지 보충수업에 참가해야 한다.

除는 개사 외에 동사로 수학계산에서 '나누다'의 뜻으로 쓰이기도 한다.

(324) 十除以二得五。

10을 2로 나누면 5가 나온다.

(325) 二除六得三。

2로 6을 나누면 3을 얻는다.

⑥ 从, 打, 自, 自从, 由: 이들 개사는 모두 공간이나 시간적인 기점을 나타낸다.

(326) 会议从九点就开始了。

회의는 9시부터 시작됐다.

(327) 阿陈是今年刚从大学毕业的。

阿陈은 올해 막 대학을 졸업한 것이다.

从은 '从~到'나 '从~起' 등의 형태로도 많이 쓰인다.

(328) 从机场到市区要一个小时。

공항에서 시내까지 한 시간이 걸린다.

(329) 从前天起, 一连下了三天大雨。

그제부터 연속 3일 많은 비가 내렸다.

打는 북방지역의 구어에 많이 쓰인다.

(330) 这束花是打哪儿来的?

이 꽃다발은 어디서 난거야?

(331) 打这儿往右走，很快就会到的。

여기서 오른쪽으로 가면 금방 도착할거야.

自나 自从은 모두 서면어에 많이 쓰인다.

(332) 自公司成立以来未发生过任何安全事故。

회사가 창립된 이후 어떤 안전사고도 생기지 않았다.

(333) 自从1992年韩中建交以来两国关系发展迅速。

1992년 한중 수교이래 양국관계의 발전이 빨랐다.

自와 自从은 비슷한 의미를 나타내지만 自从은 이미 일어난 일에만 쓰인다는 점과 自는 동사 뒤에서 보어로도 쓰일 수 있다는 점에서 차이가 있다. (333)에서 自从은 이미 일어난 일에 쓰이고 있다. 다음은 自가 동사 뒤에서 보어로 쓰이는 예이다.

(334) 2010年访问韩国的800多万外国游客当中约有21%来自中国大陆。

2010년 한국을 방문한 800여만명의 외국인 관광객 중 약 21%가 중국대륙에서 왔다.

(335) 我想向在座的各位表示发自内心的感谢。

저는 지금 자리에 계신 분들에게 마음에서 우러나는 감사를 표하고자 합니다.

由도 시공간적인 기점을 나타내는데 주로 서면어에 많이 쓰인다.

(336) 二人由此发生口角并打了起来。
두 사람은 여기서부터 말다툼이 나고 싸우기 시작했다.

(337) 两国间的贸易额由1992年的50亿美元增加至2008年的1683亿美元。
양국간의 무역액은 1992년의 50억불에서 2008년의 1683억불로 늘어났다.

由는 시점을 나타내는 것 외에 행위자나 근거를 나타내는데 쓰이기도 한다.

(338) 你放心好了，这件事由我负责。
너는 안심해라, 이 일은 내가 책임질게.

(339) 由此可以得出结论，这两件事毫无关连。
이를 통해 이 두 사건은 아무 관련이 없다는 결론을 얻을 수 있다.

⑦ 对，对于，关于: 对와 对于는 모두 '~에 대하여'라는 의미를 나타내며 서로 바꾸어 쓸 수 있는 경우도 있다.

(340) 对这个问题，我们已进行过研究。
이 문제에 대해서 우리는 이미 연구를 했다.

(340') 对于这个问题，我们已进行过研究。
이 문제에 대해서 우리는 이미 연구를 했다.

하지만 对는 '~를 향해서'의 의미도 나타내는 경우가 있는데 이때는 对于와 바꾸어 쓸 수 없다.

(341) 他只是对我点了一下头，并没有说什么。

그는 내게 고개만 한번 끄덕이고 아무 말도 없었다.

(342) 他对谁都非常热情。

그는 누구에게든 아주 열정적이다.

关于는 '~에 관하여'라는 의미를 나타낸다.

(343) 关于是否该鼓励大学生去创业，我们几个同学都有不同的看法。

대학생이 창업을 하도록 격려해야하는가에 관해 우리 학교 친구들은 각자 다른 의견을 가지고 있다.

(344) 最近他又发表了一篇关于中国城乡差距问题的论文，引起了学界很大关注。

그는 최근 또 중국의 도농격차에 관한 논문을 발표해서 학계의 큰 관심을 일으켰다.

⑧ 给，为: 给는 원래 동사로 '주다'의 뜻이지만 개사로 '~에게', '~를 위해서'의 뜻을 나타내기도 한다.

(345) 小赵又给我发来了电子邮件。

小赵는 다시 나에게 메일을 보내왔다.

(346) 我给王老师买了一件礼物。

나는 왕선생님을 위해 선물을 하나 샀다.

给는 동사 뒤에서 보어로 쓰일 수도 있다.

(347) 我送给王老师一件礼物。

나는 왕선생님에게 선물 하나를 보냈다.

(348) 我们相信他的作品会带给我们更多的惊喜。

우리는 그의 작품이 우리에게 더 많은 놀라움과 기쁨을 가져다 주리라고 믿는다.

为는 '~하기 위해서', '~를 위해서'라는 뜻을 나타낸다.

(349) 为保证救援安全，救援现场架起了各种照明灯。

구조활동의 안전을 보장하기 위해 구조현장에 각종 조명등을 설치했다.

(350) 部分家长为学生选择了另外一种教育模式。

일부 가장들은 학생들을 위해 또 다른 교육모델을 선택했다.

给가 '~를 위해서'의 뜻으로 쓰일 때는 개사 为와 바꾸어 쓸 수 도 있다.

(346') 我为王老师买了一件礼物。

나는 왕선생님을 위해서 선물을 하나 샀다.

서면어에서 为는 개사로 피동을 나타내기도 하며 이때는 뒤에 所가 같이 쓰이기도 한다. 이때 为는 wèi가 아닌 wéi로 읽는다.

(351) 这种方式已为广大消费者所接受。
이런 방식은 이미 많은 소비자들에게 받아들여졌다.

(352) 企业不该为一时一利所迷惑。
기업은 눈앞의 작은 이익에 미혹당해서는 안된다. .

서면어에서 为는 동사로 '~이다', '~하다'의 뜻을 나타내기도 한다. 이때의 为도 2성의 wéi로 읽는다.

(353) 当时最小能见度为50米，最大风速达每秒20米。
당시 최소 가시거리는 50미터이고 최대풍속은 초당 20미터였다.

(354) 高考不过是人生旅途中的一个小小的驿站，不能将其视之为人生终极目标。
대입 시험은 인생여정 중의 작은 역으로 인생의 궁극적인 목표로 삼아서는 안된다.

2.4.3 접속사(连词)

접속사는 단어나 구 혹은 절 등을 연결하는 단어인데 연결하는 성분과 나타내는 의미는 각기 다르다. 접속사는 나타내는 의미에 따라 병렬, 선택, 점증, 전환, 양보, 가정, 조건, 목적, 인과 등으로 분류할 수 있다.

병렬: 跟, 和, 同, 与, 及, 以及
선택: 或, 或者, 还是, 与其, 宁可
점증: 不但, 不仅, 而且, 并且, 况且, 何况
전환: 但是, 可是, 不过, 然而, 而, 只是
양보: 虽然, 尽管, 固然, 既然
가정: 如果, 假如, 要是, 万一, 即使, 就是, 哪怕
조건: 只要, 只有, 不论, 无论, 不管, 除非, 不然, 否则
목적: 以便, 以免, 免得, 省得
인과: 因为, 由于, 因此, 所以, 于是, 从而, 以致

1) **병렬**: 跟, 和, 同, 与, 及, 以及

跟, 和, 同, 与 이 네 개의 단어는 의미와 용법이 거의 같은데 보통 跟과 和가 가장 많이 쓰이고 同은 화중지역에서 많이 쓰이고 与는 서면어 색채가 강하다. 접속사로서 이들은 주로 단어나 구를 연결하며 연결되는 단어나 구는 대개 명사적인 성격을 띤다.

(355) 中国最大的两条河就是长江和黄河。
중국에서 가장 큰 두 강은 장강과 황하이다.
(356) 我跟我弟弟都是大学生。
나와 동생은 모두 대학생이다.

跟, 和, 同, 与는 접속사로 쓰이기도 하지만 개사로 쓰이기도 한다. 접속사로 쓰이는 경우와 개사로 쓰이는 경우 위치가 비슷해 구분하기 어려운 경우도 있는데 접속사로 쓰이는 경우와 개사로 쓰이는 경우 크게 두 가지 차이가 있다.

첫째, 접속사로 쓰인 跟 등의 앞과 뒤에 있는 성분은 지위가 같아서 서로 순서를 바꿀 수 있으며 바꾼 후에도 의미의 변화가 없는 반면 개사로 쓰인 跟 등의 앞과 뒤 성분은 그 순서를 바꿀 수 없거나 바꾸면 의미가 달라진다.

(357) 我跟我弟弟都是大学生。
나와 동생은 모두 대학생이다.
→ 我弟弟跟我都是大学生。
동생과 나는 모두 대학생이다.

(358) 我跟我弟弟讲了一个故事。
나는 동생에게 얘기 하나를 했다.
↛ 我弟弟跟我讲了一个故事。
동생은 나에게 얘기 하나를 했다.

(357)에서 접속사로 쓰인 跟은 앞 뒤 성분의 순서를 바꾸어도 의미의 변화가 없는 반면 (358)에서 개사로 쓰인 跟은 앞 뒤 성분의 순서를 바꾸면 의미가 달라진다.

둘째, 접속사로 쓰인 跟 등 앞에는 수식 성분이 들어갈 수 없으나 개사로 쓰인 跟 등의 앞에는 수식 성분이 들어갈 수 있다.

(359) 我跟我弟弟都是大学生。
나와 동생은 모두 대학생이다.
→ *我已经跟我弟弟都是大学生。
나는 이미 동생과 모두 대학생이다.

(360) 我跟我弟弟讲了一个故事。

나는 동생에게 얘기 하나를 했다.

→ 我已经跟我弟弟讲了一个故事。

나는 이미 동생에게 얘기 하나를 했다.

(359)에서 접속사로 쓰인 跟 앞에는 수식 성분이 들어갈 수 없다. 하지만 (360)에서 개사로 쓰인 跟 앞에는 수식어인 已经이 들어가 있다.

及도 병렬접속에 쓰이지만 서면어 색채가 강하다.

(361) 我们公司的销售网络遍布在江苏及浙江地区。

우리 회사 판매망은 강소와 절강 지역에 퍼져있다.

(362) 春运其间未发生旅客滞留情况及旅客伤亡事故。

설 운송기간 여객 체류현상이나 부상사망사고가 발생하지 않았다.

以及도 병렬접속에 쓰이고 역시 서면어 색채가 강하며 다른 접속사와 달리 용언성분을 연결하는데 쓰일 수도 있다.

(363) 此次暴雨集中在忠北、忠南以及全北地区。

이번 폭우는 충북, 충남 그리고 전북지역에 집중되었다.

(364) 他们经营经验有限以及海外收购经验缺乏，要收购国外公司具有一定的挑战性。

그들은 사업경험이 많지 않고 그리고 해외 인수 경험이 부족해서 외국회사를 인수하는 것은 상당한 도전이다.

以及는 (363)에서 忠北, 忠南과 全北라는 명사를 연결하고 있으나 (364)에서는 经营经验有限과 海外收购经验缺乏라는 용언성분을 연결하는데 쓰이고 있다.

2) **선택**: 或, 或者, 还是, 与其, 宁可

或, 或者와 还是는 모두 단어, 구, 절 등을 연결할 수 있고 '혹은', '아니면'의 의미를 나타내지만 或와 或者는 주로 서술문에 쓰인다.

(365) 广大农村妇女长期处于失业或半失业状态。
많은 농촌 여성은 오랫동안 실업이나 반실업 상태에 놓여 있다.

(366) 如果主力球员状态不佳或者出现伤病，替补球员会及时补上。
주전 선수의 컨디션이 좋지 않거나 부상이 발생하면 후보 선수가 즉시 채워줄 것이다.

반면 还是는 주로 의문문이나 조건문에 쓰인다.

(367) 网络民意到底是部分网民的民意，还是大多数人的民意？
인터넷 민의는 일부 네티즌의 민의인가 대다수 사람들의 민의인가?

(368) 在此情况下，无论是总经销商还是分销商都得不到利润。
이런 상황에서 도매상이든 소매상이든 모두 이윤을 얻을 수 없다.

与其와 宁可는 毋宁, 不如, 也不 등과 함께 쓰여 '~하느니' 혹은 '~하더라도'의 의미를 나타낸다.

(369) 与其购买奢侈品，还不如用这些钱去帮助别人。
사치품을 구매하느니 이 돈으로 다른 사람을 돕는게 낫다.

(370) 宁可错过时间，也不可心存侥幸。
시간을 놓치더라도 요행을 바라는 마음이 있어서는 안된다.

3) **점증**: 不但, 不仅, 而且, 并且, 况且, 何况

不但과 不仅은 '~뿐 아니라'의 의미를 나타낸다. 뒤에는 종종 更, 也, 还, 反而 등의 부사가 호응을 이룬다.

(371) 小李不但是这样说的，也是这样做的。
小李는 이렇게 말했을 뿐 아니라 이렇게 하기도 했다.

(372) 老年人不仅希望孩子常回家看看，还需要有人照顾护理。
노인들은 자식이 자주 찾아오길 바랄뿐 아니라 사람의 관심과 보호가 필요하기도 하다.

不但, 不仅과 而且, 并且가 함께 쓰이기도 한다.

(373) 韩国菜不仅好看，而且好吃。
한국 요리는 보기 좋을 뿐 아니라 맛도 있다.

(374) 他那个厨师不但手艺好，并且有些菜还颇有创意。
그 요리사는 솜씨도 좋을 뿐 아니라 일부 음식은 상당히 창의적이다.

而且, 并且, 况且, 何况은 모두 '게다가', '더구나'의 의미를 나타낸다.

(375) 他那儿肯定出事了，而且还不是小事。
그 사람네 일이 있는게 틀림없다. 게다가 작은 일이 아닐 것이다.

(376) 看来他并不开心，并且与周围的环境有点格格不入。
그는 전혀 즐거워 보이지 않았고 게다가 주위의 환경과도 그리 어울리지 않았다.

(377) 那些东西本来就对身体有害，况且现在爸爸的身体不是很好。
그런 것들은 본래 몸에 해가 되고 더구나 지금 아빠는 몸이 그다지 좋지 않다.

(378) 到了深秋早晚都比较冷，更何况外面还飘着雨夹雪。
늦가을이라 아침저녁으로 꽤 추운데 게다가 밖에는 눈과 비가 섞여 날리고 있다.

4) 전환: 但是, 可是, 不过, 然而, 只是, 而

但是, 可是, 不过, 然而은 모두 '그러나'의 의미를 나타내며 然而은 특히 서면어에 많이 쓰인다.

(379) 我又去了一趟他家，但是还是没有见到他。
나는 그의 집에 또 한번 갔지만 역시 그를 보지 못했다.

(380) 昨天冷空气来临气温下降，然而他们的活动按计划顺利进行。
어제 차가운 공기가 몰려오며 기온이 내려갔지만 그들의 행사는 계획대로 순조롭게 진행되었다.

只是는 '단지', '다만'의 의미를 나타낸다.

(381) 我们适应得都很好，只是这里潮湿的天气还是有些难受。
우리는 모두 적응을 잘 하고 있지만 이곳의 습한 날씨는 여전히 좀 견디기 힘들다.

(382) 他们平时根本不来住，只是周末的时候过来看看。
그들은 평소 거의 왕래가 없고 단지 주말에만 와서 보곤 한다.

而도 전환의 의미를 나타내며 서면어 색채가 강하다.

(383) 在经济平稳运行时期，央行更重视物价稳定，而当经济不景气或出现危机时，央行会更多地考虑经济增长。
경제가 평온한 시기에 중앙은행은 물가안정을 중요시하지만 불경기이거나 위기가 발생하면 경제성장을 더 고려한다.

(384) 办学条件好的学校，自然吸引更多的学生，而条件相对较差的学校，学生则不愿意去。
학습여건이 좋은 학교는 자연스럽게 더 많은 학생들을 끌어들이지만 여건이 상대적으로 나쁜 학교는 학생들이 가려하지 않는다.

또 而은 전환 외에 순접이나 인과와 같은 다른 의미를 나타내기도 한다.

(385) 高级进修班的学费为3000元，而这还是打了8折的价格。
고급연수반의 학비는 3000원인데 이것도 20%할인된 가격이다.

(386) 售价则有可能因可售货量不多而上涨。

판매가는 판매량이 많지 않기 때문에 상승할 가능성이 있다.

따라서 而의 의미가 전환인지 다른 의미인지는 전체적인 내용을 보고 판단해야 한다.[4]

5) **양보**: 虽然, 尽管, 固然, 既然

虽然, 尽管, 固然은 모두 '~하지만 그러나'라는 '양보+전환'의 의미를 나타내며 따라서 但是 등 전환을 나타내는 접속사와 함께 쓰이는 경우가 많다.

(387) 虽然韩国货币在贬值，但是幅度还不太大。

비록 한국원화가 평가절하되고 있기는 하지만 아직 그 폭은 그리 크지 않다.

(388) 尽管很少，但不能否定其存在的几率。

아주 낮기는 하지만 존재할 확률을 부정할 수는 없다.

(389) 结果固然很重要，但是比结果更重要的是在尝试的过程中学到的东西。

결과도 물론 아주 중요하지만 결과보다 더 중요한 것은 시도하는 과정에서 배운 것들이다.

4) 경우에 따라서는 두 가지 해석이 모두 가능한 경우도 있다. 예를 들면 (383)은 전환으로 해석했지만 而의 앞뒤를 '~하고'로 해석해도 충분히 자연스럽다.

既然은 '~한 이상'이라는 의미를 나타낸다.

(390) 足球是竞技体育，既然是竞技就会有输赢。
축구가 운동경기인데 경기인 이상 승패가 있기 마련이다.

(391) 既然选择了考研，同学们应该一路到底。
대학원시험을 선택한 이상 학생들은 끝까지 밀고나가야 한다.

6) **가정**: 如果, 假如, 要是, 万一, 即使, 就是, 哪怕

如果, 假如, 要是는 '만약', '만일'과 같은 일반적인 가정을 나타내는데 그중에서 要是는 주로 구어에 많이 쓰인다.

(392) 如果你当过兵，也会懂得这个道理。
만약에 군대를 갔다 왔다면 당신도 이 이치를 이해할 것이다.

(393) 假如不是这个消息，许多人也许还不知道。
이 소식이 아니었다면 아마도 많은 사람들이 아직 몰랐을 것이다.

(394) 要是他是存心的，说明他非常天真。
그가 만약 일부러 그런 것이라면 그가 아주 순진하다는 것을 말해준다.

위의 세 접속사는 좋은 일의 가정에나 좋지 않은 일의 가정에나 중립적으로 쓰일 수 있지만 万一는 부정적인 사건을 가정할 때 쓰인다.

(395) 如果经济形势好转，那自然是好事。但万一形势继续恶化呢?
경제가 좋아진다면 그건 당연히 좋은 일이다. 하지만 혹시 계속 나빠지면?

(396) 万一买不到火车票，我们要找落脚的地方。
만약 기차표를 사지 못하면 우리는 머물 곳을 찾아야 한다.

即使, 就是, 哪怕는 '~한다 해도 그래도'라는 '가정+양보'의 의미를 나타낸다.

(397) 即使一次次错过机会，也没什么了不起。
비록 한 차례 한 차례 기회를 놓쳤지만 그래도 대단한 건 없다.

(398) 就是老王也没有遇到过这种情况。
老王조차 이런 상황에 맞닥뜨린 적이 없다.

(399) 哪怕再忙再累，他都坚守如一。
아무리 바쁘고 피곤해도 그는 항상 한결같다.

7) **조건**: 只要, 只有, 不论，无论, 不管, 除非, 不然, 否则

只要는 '~하기만 하면'의 의미를 只有는 '~해야만'의 의미를 나타낸다. 只要는 홀로 쓰이기도 하지만 뒤에 就가 함께 쓰이는 경우가 많다.

(400) 这种种手法，只要细心观察，就可以发现问题。
이런 여러 수법은 세심하게 살펴보기만 하면 문제를 발견할 수 있다.

(401) 只要符合条件，任何人都可以创办大学。

조건을 갖추기만 하면 어떤 사람이든 모두 대학을 세울 수 있다.

只有도 홀로 쓰이기도 하지만 뒤에 才가 같이 쓰이는 경우가 많다.

(402) 只有这样才可以很好地建立孩子的自信心。

이렇게 해야만 비로소 아이의 자신감을 잘 세워줄 수 있다.

(403) 只有坚持，才能实现自己的梦想。

꾸준히 해야만 자신의 꿈을 실현할 수 있다.

不论，无论과 不管은 '~에 상관없이'라는 의미를 나타내며 뒤에 都, 就, 也가 같이 쓰이는 경우가 많다.

(404) 不论走到哪里，没有一杯咖啡在手，他就会坐立难安。

어디를 가든 커피 한잔이 손에 들려있지 않으면 그는 앉으나 서나 불안해 한다.

(405) 无论谁只要入市都能挣钱。

누구든 시장에 뛰어들기만 하면 돈을 벌 수 있다.

(406) 不管报告是否有价值，报告越来越多，格式越来越漂亮。

보고서가 가치가 있든 없든 보고서는 갈수록 많아지고 모양은 갈수록 예뻐진다.

除非는 다른 절 앞에 쓰여 '~해야만' 혹은 '~하지 않으면'의 의미를 나타내며 이때 뒤에 '그렇지 않으면'의 의미를 나타내는 不然, 否则나 '비로소'의 의미를 나타내는 才가 같이 쓰이기도 한다.

(407) 除非进行很大规模的抗洪活动，否则有许多大坝会发生漫堤。
대대적인 홍수방제활동을 하지 않으면 많은 제방이 범람할 것이다.

(408) 除非谈判、斡旋等方式都无效时，才会考虑非和平的方法。
담판이나 협상 등 방법이 효과가 없을 때만 비평화적인 방법을 고려할 것이다.

除非는 다른 절의 뒤에 쓰여 '~를 제외하고'의 의미를 나타내기도 한다.

(409) 美联储可能不会加息，除非通货膨胀前景恶化。
FRB는 통화팽창 전망이 악화되는 경우를 제외하고 금리를 올리지 않을 것이다.

(410) 我们不会问他学习方面的事，除非他自己先说。
우리는 그가 먼저 얘기하는 경우를 제외하고 그에게 공부에 관한 것을 묻지 않는다.

8) 목적: 以便，以免, 免得，省得

이들 접속사는 모두 두 번째 절에 쓰이는데 以便은 '~하도록'의 의미를 나타낸다.

(411) 全面沟通，以便了解真相。
진상을 이해하도록 전면적으로 의사소통 한다.

(412) 我们希望能多做沟通，以便合作得更紧密。

우리는 더 긴밀하게 협력하기 위해 많이 소통하기를 바란다.

以免, 免得，省得는 '~하지 않도록'의 의미를 나타낸다.

(413) 每个工人都必须遵守规则，以免发生危险。

위험이 발생하지 않도록 모든 작업자는 반드시 규칙을 준수해야 한다.

(414) 他提前做好了一切准备，免得到时候手忙脚乱。

때가 닥쳐서 정신없이 바쁘지 않도록 그는 미리 모든 준비를 마쳤다.

(415) 这样的话，你不要在这儿讲，省得人家听了笑你。

사람들이 듣고 너를 비웃지 않도록 이런 말은 여기서 하지 말아라.

9) 인과: 因为, 由于, 因此, 所以, 于是, 从而, 以致

因为와 由于는 원인을 나타내며 주로 첫 번째 절에 쓰인다.

(416) 因为他们年纪大了，现在已经没有了稳定收入。

그들은 나이가 많아서 지금은 이미 안정적인 수입이 없어졌다.

(417) 由于长期沉迷网络，他们的学习成绩一直都不是很好。

인터넷에 오랫동안 빠져있어 그들의 학교 성적은 줄곧 그다지 좋지 않았다.

因此, 所以, 于是, 从而, 以致는 결과를 나타내며 주로 두 번째 절에 쓰인다.

(418) 这次考试他确实下了不少工夫，所以成绩也相当不错。
이번 시험에서 그는 확실히 많은 노력을 쏟았기 때문에 성적도 상당히 좋다.

(419) 人们往往在人际关系上受挫，从而产生不同程度的心理障碍。
사람들은 종종 인간관계에 좌절해서 크고 작은 심리장애가 생긴다.

2.4.4 조사(助词)

조사는 말 그대로 '도와주는 단어'라는 뜻인데 도움의 구체적인 내용은 다양하며 따라서 조사는 도움의 내용에 따라 동태조사(动态助词)와 구조조사(结构助词), 어기조사(语气助词)의 세 가지로 나뉜다. 이 세 가지 조사는 모두 경성으로 읽는다.

1) 동태조사: 了，着，过

동태조사는 동작이 완료되었는지, 지속되고 있는지, 일어난 적이 있는지 등 동작의 상태에 대한 정보를 제공한다.

了는 동사 뒤에서 그 동작이 완료, 실현되었음을 나타낸다.

(420) 他们在郊区租了房，买了一辆二手摩托车。
그들은 교외에 집을 빌리고 중고 오토바이 한 대를 샀다.

(421) 三星电子近几年在中国的智能手机市场取得了非常不错的战绩。

삼성전자는 최근 몇 년 중국의 스마트폰 시장에서 꽤 괜찮은 성적을 얻었다.

了의 쓰임새와 그 의미를 보면 한국어의 과거를 나타내는 어미 '-었-'과 비슷해서 중국어의 了도 과거라는 시제를 나타내는 것이 아닐까 생각할 수도 있지만 그렇지 않다. 중국어의 了는 과거가 아니라 완료를 나타내며 그래서 미래시제에도 쓰일 수 있다.

(422) 先把你自己的事情做好了再说吧。

네 자신의 일이나 우선 다 해 놓고 다시 얘기하자.

(423) 要是你以后当了老板，别忘了现在的感受。

만약 네가 나중에 사장이 되거든 지금의 느낌을 잊지 말아라.

동태조사 着는 동작이 진행되고 있음을 나타낸다.

(424) 他微笑着一一满足了大家的要求。

그는 살짝 웃으며 모두의 요구를 하나하나 만족시켜 주었다.

(425) 这两人的成绩一直占据着前两名的位置。

이 두 사람의 성적은 줄곧 1, 2위 자리를 차지하고 있다.

동태조사 着는 부사 正이나 在, 어기조사 呢와 함께 진행을 나타내기도 한다.

(426) 大家在等着你呢，你为什么还不回来?

모두들 너를 기다리고 있는데 너 왜 아직 안 돌아오니?

(427) 促销员小姐正兴高采烈的打着气球。

판매원 아가씨는 즐겁게 풍선을 불고 있다.

동태조사 过는 동작이 일어난 적이 있음을 나타낸다.

(428) 我也吃过韩国烤肉，非常好吃。

나도 한국불고기를 먹어봤는데 아주 맛이 있었다.

(429) 他曾在一家网络公司工作过一段时间。

그는 일찍이 인터넷 회사에서 한동안 일한 적이 있다.

동태조사 了，着，过는 주로 동사 뒤에 쓰이지만 간혹 형용사 뒤에 쓰이는 경우도 있다. 형용사 뒤의 了와 着에는 대개 수량사가 따라온다. 이때 了는 새로운 상황의 출현을, 着는 정도가 심함을 나타낸다.

(430) 最近天气又暖和了一点儿。

최근 날씨가 또 약간 따뜻해졌다.

(431) 他的年纪比老爹还要大着几岁。

그의 나이는 할아버지보다도 몇 살 더 많다.

형용사 뒤의 过는 어떤 성질이나 상태가 존재한 적이 있음을 나타내며 주로 부정문에 많이 쓰여 어떤 성질이나 상태가 존재한 적이 없음을 나타낸다.

(432) 我以前胖过，但是一段时间后又瘦下来了。

나는 전에 뚱뚱했던 적이 있지만 시간이 좀 지나고 다시 빠졌다.

(433) 从我记事起，还没这么冷过。

내가 기억하기로 이렇게 추웠던 적이 없다.

了，着，过는 동태조사가 아닌 다른 용법으로 쓰이기도 하며 이때는 발음이나 성조 자체가 달라지기도 한다.

(434) 在此情况下我决定不了任何事情。

이 상황에서 나는 어떤 일도 결정할 수 없다.

(435) 我现在还没找着安家的地方。

나는 아직 정착할 곳을 찾지 못했다.

(436) 此帖在网上一炮走红，3个月内点击量过百万。

이 글은 인터넷에 오르자마자 인기를 끌어 3개월 내에 클릭수가 100만을 넘었다.

(434)에서 了는 가능보어의 일부로 쓰였으며 liăo로 읽는다. (435)에서 着는 결과보어로 쓰였으며 zháo로 읽는다. (436)에서 过는 동사로 쓰였으며 경성이 아닌 원래 성조인 guò로 읽는다.

2) 구조조사: 的, 地, 得

구조조사는 두 성분 사이에 쓰여 두 성분간의 문법적인 구조를 밝혀주는 조사이다. 구조조사 的, 地, 得는 모두 경성의 de로 읽히지만 용법은 각기 다르다.

우선 的와 地는 수식구조의 두 부분 사이에 쓰여 앞 뒤 두 부분이 각각 수식어와 피수식어(중심어)임을 밝혀준다. 수식어에는 관형어와 부사어의 두 가지 종류가 있는데 的는 관형어와 중심어 사이에, 地는 부사어와 중심어 사이에 들어간다.

(437) 惊慌的乘客们争先恐后地跑下车。
　　　놀란 승객들은 앞다퉈 차에서 뛰어 내렸다.

(437)에서 惊慌的乘客们과 争先恐后地跑下车는 모두 수식구조로서 惊慌은 乘客们을 수식하고 있고 争先恐后는 跑下车를 수식하고 있다. 여기서 관형어인 惊慌과 중심어인 乘客们사이에 구조조사 的가 쓰였고, 부사어인 争先恐后와 중심어인 跑下车사이에 구조조사 地가 쓰였다.

的는 중심어 없이 쓰이는 경우도 있는데 이것은 수식구조에서 중심어가 생략된 것으로 볼 수 있다.

(438) 你要买红的，还是黄的?
　　　너 붉은 것을 살래 아니면 노란 것을 살래?
(439) 我要买的就是这种款式。
　　　내가 사려는게 바로 이런 모델이다.

得는 술보구조의 두 부분 사이에 쓰여 앞 뒤 두 부분이 술어와 보어 관계임을 밝혀준다. 하지만 술어와 보어 사이에 항상 구조조사 得가 쓰이는 것은 아니며 보어 중에서도 정도보어와 가능보어에 쓰인다.

(440) 他每节课都学得很认真。

그는 수업시간마다 아주 열심히 배운다.

(441) 这么大的地方，我们这么几个人肯定坐得下。

이렇게 큰 공간이면 우리 몇 명 정도는 분명히 다 앉을 수 있다.

(440)의 学得很认真과 (441)의 坐得下는 모두 술보구조인데 学得很认真은 술어와 정도보어이고 坐得下는 술어와 가능보어이다.

3) 어기조사: 啊, 了, 嘛, 吧, 吗, 呢, 罢了, 而已

어기조사는 문장의 맨 뒤에 쓰여 서술, 의문, 청유, 감탄 등의 다양한 어기를 나타낸다. 어기조사는 허사이고 항상 경성으로 읽지만 문장의 종류를 결정할 수 있을 만큼 중요한 역할을 하는 경우도 있다.

① 啊: 啊는 서술과 의문, 청유, 감탄 등 다양한 어기를 나타내는데 주로 말을 부드럽게 하는 기능을 한다. 啊는 서술문과 의문문에서 말을 부드럽게 하는 것 외에 해명이나 다그침의 의미를 나타내기도 한다.

(442) 没关系，我自己擦点药就行了啊。

상관없어, 내가 혼자 약을 좀 바르면 되잖아.

(443) 现在还缺一百块钱，你能不能借给我啊?

지금 아직 백원이 모자란데 너 빌려줄 수 있겠니?

청유문에서 啊는 주의나 재촉의 의미를 나타내기도 한다.

(444) 小心点儿啊，别摔倒了。

조심해라, 넘어지지 말고.

(445) 怎么不支声了，你说啊。

왜 말이 없어졌니, 말해봐.

감탄문에서는 啊는 약간의 과장의 의미를 나타내기도 한다.

(446) 你们胆子真不小啊！

너희들 정말 겁도 없구나!

(447) 如今的大学生找工作多难啊!

오늘날의 대학생들이 직업을 찾는 것은 얼마나 어려운가!

啊는 또 누군가를 부르거나 열거에 쓰이기도 한다.

(448) 儿子啊，你穿西装看起来真不错。

아들아, 네가 양복을 입으니 정말 보기 좋구나.

(449) 像松籽儿啊、桂花啊、糖稀啊，我们什么都没有。

잣이니 계화니 물엿이니 우리는 아무 것도 없다.

② 了: 了는 주로 서술어기를 나타내며 서술문에 쓰여 변화를 나타낸다.

(450) 昨天买的词典突然不见了。

어제 산 사전이 갑자기 없어졌다.

(451) 下了一上午大雨，现在雨点终于小了。

오전 내내 굵은 비가 내리더니 지금은 결국 빗줄기가 가늘어졌다.

(451)에서는 두 개의 了가 쓰이고 있는데 동사 下뒤의 了는 동태조사이고 문장 맨 끝의 了는 어기조사이다. 이 두 了는 글자도 같고 발음도 같지만 상술한 바와 같이 동태조사 了는 완료를, 어기조사 了는 변화를 주로 나타낸다. 이런 의미상의 차이 외에도 동태조사는 동사나 형용사 뒤에 나타나지만 어기조사는 문장의 맨 끝에 나타난다. 동사나 형용사가 문장의 맨 끝에 오는 경우 了가 동태조사로도, 어기조사로도 이해될 수 있다.

(452) 12点左右，住在隔壁的人回来了。
12시 정도에 옆집에 사는 사람이 돌아왔다.
(453) 自己连坐车回家的路费都没有了。
자신은 차를 타고 집에 돌아갈 차비도 없어졌다.

이때 了는 동태조사와 어기조사가 겹쳐진 형태로 완료와 변화의 뜻을 모두 가지고 있는 것으로 보인다.

③ 嘛: 嘛는 吗로 쓰기도 하며 주로 서술문에 쓰여 분명히 밝힌다는 어기를 나타낸다.

(454) 我已经是大人了吗，我自己的事应该我自己来决定。
난 벌써 어른이잖아. 내 일은 내 스스로 결정해야지.
(455) 我不是说他是刚到的嘛。
내가 그 사람은 막 도착한거라고 말하지 않았니.

④ 吧: 吧는 서술, 의문, 청유 어기를 나타낸다. 서술문에서 吧는 제시, 가정 등의 의미를 나타낸다.

(456) 看他最近的表现吧，简直没的说。
그의 최근 성적을 보면 정말 말할게 없다.

(457) 看书吧，累得眼睛都睁不开，睡觉吧，又睡不着。
책을 보자니 눈도 안 떠질 정도로 피곤하고 자자니 또 잠이 안 온다.

의문문에서 吧는 단순한 의문이 아니라 확신을 가지고 묻는 경우에 쓰인다.

(458) 中国有很多名胜古迹吧?
중국에는 아주 많은 명승고적이 있지?

(459) 我看你最近日子不好过吧?
내가 보니 너 요즘 지내기 어렵지?

의문문에 쓰이는 吧의 이러한 의미는 단순한 의문을 나타내는 어기조사 吗가 쓰인 문장과의 비교를 통해 잘 드러난다.

(458') 中国有很多名胜古迹吗?
중국에는 아주 많은 명승고적이 있니?

청유문에서 吧는 청유나 명령에 가벼운 느낌을 준다.

(460) 那周末我们去看电影吧。

그럼 주말에 우리 가서 영화보자.

(461) 他不在，你明天再打电话来吧。

그가 자리에 없으니 당신 내일 다시 전화를 하라.

⑤ 吗: 吗는 의문어기를 나타낸다. 중국어에서 의문문을 만드는 가장 일반적인 방법은 바로 서술문 끝에 의문어기 吗를 붙이고 문장의 끝을 올려 말하는 것이다.

(462) 他相信这种说法。

그 사람이 이런 말을 믿는다.

→ 他相信这种说法吗？

그 사람이 이런 말을 믿니?

吗는 판정의문문에만 쓰일 수 있고 의문사의문문이나 선택의문문에는 쓰일 수 없다.

(463) *老崔是哪个大学毕业的吗?

老崔는 어느 대학 졸업했니?

(464) *老崔是南京大学毕业的还是复旦大学毕业的吗?

老崔는 남경대학 졸업했니 아니면 복단대학 졸업했니?

(463)과 (464)는 한국어 해석만 보면 문제가 없지만 중국어에서는 吗가 의문사가 이미 있는 의문문이나 선택항이 있는 의문문에 쓰일 수 없기 때문에 문법적인 문장이 아니다.

⑥ 呢: 呢는 서술과 의문 어기를 나타낸다. 서술문에서 呢는 동작의 지속이나 과장 등의 의미를 나타낸다. 동태조사 着, 부사 正在나 在와 함께 쓰이기도 한다.

(465) 朴老师正上着语法课呢。

박선생님이 문법 수업을 하고 있다.

(466) 你不能小看他，他的本事可大着呢。

너 그 사람을 과소평가해서는 안 된다. 그 사람은 정말 능력이 있거든.

화자의 생각이나 의견을 표현할 때 呢가 부드러운 느낌을 주기도 한다.

(467) 至于我呢，你们就甭管了。

나에 관해서는 너희들 간섭하지 말아라.

(468) 其实呢，你根本就不必回来。

사실은 너는 돌아올 필요가 전혀 없다.

의문문에서 呢는 의문사의문문이나 선택의문문에 쓰여 의문에 부드러운 느낌을 주기도 한다.

(469) 老崔是哪个大学毕业的呢?

老崔는 어느 대학 졸업한거니?

(470) 老崔是南京大学毕业的呢，还是复旦大学毕业的呢?

老崔는 남경대학 졸업한거니 복단대학 졸업한거니?

呢는 축약형 의문문을 만들기도 한다.

(471) 他是说他自己要来，但要是他不来呢?

그 사람이 자기는 오겠다고 했지만 그 사람이 안 오면?

(472) 我的帽子呢? 刚才还在这儿来着。

내 모자는? 방금까지도 여기 있었는데.

이런 축약형 의문문은 (472)의 번역을 보면 쉽게 이해할 수 있다. 我的帽子呢는 어떤 상황에서 쓰이느냐에 따라 '내 모자가 어디있지?' 혹은 '내 모자는 어떻게 하지?' 등의 의미를 나타낼 수 있다.

⑦ 罢了, 而已: 罢了와 而已는 모두 서술어기를 나타내는데 구체적으로 '~일뿐'의 뜻을 나타낸다. 따라서 앞에 不过, 只是, 无非 등의 단어가 많이 쓰인다. 罢了와 而已가 나타내는 의미는 비슷하지만 罢了는 구어에 많이 쓰이고 而已는 서면어에 더 많이 쓰인다.

(473) 那不过是他们拖延的一种方法罢了。

그건 그들이 시간을 끄는 방법일 뿐이다.

(474) 这对他而言只是一份工作而已。

이건 그에게는 그냥 일일 뿐이다.

2.4.5 의성사(拟声词)

의성사(拟声词)는 소리를 흉내 낸 단어들이다. 의성사는 주로 부사어로 쓰여 위어를 수식한다.

(475) 两夫妇正说着话，就听见鞭炮噼里叭啦地响起来了。

두 부부는 말을 하고 있다가 폭죽이 픽팍거리며 울리는 것을 들었다.

(476) 两台搅拌机正在隆隆地运作。

두 대의 반죽기계가 웅웅거리며 움직이고 있다.

의성사는 관형어, 위어 등으로 쓰이는 경우도 있다.

(477) 我能听见哗哗的麻将声。

나는 '솨솨'하는 마작 소리를 들을 수 있었다.

(478) 马上要考试了，不要再唧唧喳喳了。

곧 시험인데 자꾸 떠들어대지 말아라.

의성사는 중첩형태나 的자구(的字词组)의 형태로 보어부분에 쓰이기도 한다.

(479) 不知谁把纸翻得哗啦哗啦直响。

누군지 모르겠는데 종이를 뒤집어 펄럭거리는 소리를 계속 냈다.

(480) 她从梦中惊醒，出了一身汗，心跳得咚咚的。

그녀는 놀라서 깨어났는데 온 몸에 땀이 났고 심장은 쿵쾅거리며 뛰었다.

의성사는 다른 단어와 문법적인 관계없이 단독으로 쓰이기도 하는데 이 점은 감탄사와 비슷하다.

(481) “咚咚咚！”突然门被敲得山响。

똑똑똑! 갑자기 문이 큰 소리로 울렸다.

(482) 砰砰，只听几声巨响，两辆公交车撞在一起。

펑펑, 몇 번의 큰 소리가 들리더니 두 대의 버스가 부딪혔다.

2.5 감탄사(叹词)

감탄사(叹词)는 嗯, 唔, 喂, 哼, 欸，唉，哟, 哎呀 등과 같이 부르거나 대답하거나 감탄을 나타내는 단어이다. 감탄사는 다른 품사와 비교할 때 특별한 점이 많다. 특히 주목할 점은 다른 단어들과 구조적인 관계를 발생시키지 않고 의미적으로도 다른 성분들과 아무런 관계를 맺지 않는다는 것이다. 따라서 어떤 문장성분으로도 쓰이지 않으며 기능과 의미를 기준으로 한 품사분류도 가능하지 않아 실사와 허사 어느 종류에도 속하지 않는다.

감탄사는 문장의 맨 앞에 나타나는 경우가 많다. 이때 감탄사의 앞, 뒤로는 휴지가 있으며 따라서 감탄사 뒤에는 쉼표나 감탄부호를 쓴다.

(483) 喂，这位老兄，请留步！

여보시오, 친구 분. 걸음을 멈추시오!

(484) A: 别松手啊！

손 놓지 마!

B: 嗯！我不会松手的！

응! 놓지 않을게!

간혹 감탄사가 문장의 중간이나 끝에 나타나는 경우도 있으나 이때도 역시 감탄사 앞, 뒤로는 휴지가 있으며 따라서 감탄사 앞에 쉼표를 쓴다.

(485) 你也真是的，怎么不早说，哎呀！
너도 참, 왜 진작 말하지 않고, 참나!

(486) 你这小子，哎呀！真拿你没办法。
너 이 녀석, 아이구! 넌 정말 방법이 없구나.

감탄사는 놀람, 기쁨, 슬픔, 깨달음 등을 나타내기 때문에 같은 감탄사라도 어조에 따라 다른 감정을 나타내기도 한다. 예를 들면 자주 사용되는 감탄사 중 하나인 啊의 경우 끌어 올려 길게 발음하면 놀람을 나타내고, 낮고 길게 발음하면 깨달음을 나타낼 수도 있다.

겸류현상(兼类现象)

단어는 각기 성격이 다른데 성격이 같은 단어들끼리 무리지어 놓은 것을 품사라고 했다. 따라서 같은 품사에 속하는 단어들은 비슷한 성격을 가지기 마련이고 품사가 다른 단어끼리는 성격이 다르기 마련이다. 하지만 어떤 경우 하나의 단어가 두 가지 이상 품사의 성격을 가지기도 하는데 이런 현상을 겸류현상(兼类现象)이라고 한다.

(487) 你给我翻译一下这篇文章。
너 나를 위해 이 문장을 번역해 봐라.

(488) 他是一家外贸公司的翻译。
그는 무역회사의 통역사이다.

(487)에서 翻译는 '번역하다'라는 동사로, (488)에서는 '통역사'라는 명사로 쓰였다. 다른 예를 보자.

(489) 越南的经济比较弱小，抗风险能力低。
　　 베트남의 경제는 비교적 허약해서 리스크에 대응하는 능력이 약하다.

(490) 在谈话的过程中，他大多数时候低着头。
　　 얘기를 나누는 과정에서 그는 대개 머리를 숙이고 있었다.

低는 (489)에서는 '낮다'라는 형용사로, (490)에서는 '숙이다'라는 동사로 쓰이고 있다. 그렇다면 (487)과 (488)의 翻译는 동사 겸 명사라고 할 수 있고 (489)와 (490)의 低는 형용사 겸 동사라고 할 수 있다.

겸류와 동음이의어(同音词)는 형태적으로 유사하지만 차이가 있다. 동음이의어란 말 그대로 발음은 같지만 의미는 다른, 의미상으로 서로 관련이 없는 단어들을 가리킨다.

(491) 墙内开花墙外香。
　　 담 안에서 꽃이 피어 담 밖이 향기롭다.

(492) 我花500多块钱买了一双鞋。
　　 나는 500원을 들여 신발 한 켤레를 샀다.

花는 (491)에서 명사로 쓰이고 (492)에서 동사로 쓰이기는 했지만 두 예문의 花는 발음만 같을 뿐 의미적으로 관련이 없다. 엄격하게 말하면 (491)과 (492)의 두 花는 서로 관련이 없는 다른 단어이다. 반면 (487)과 (488)에서 翻译와 (489)와 (490)에서 低는 발음도 같을 뿐 아니라 의미적으로 밀접한 관련이 있어 하나의 단어가 두 가지 품사의 성질을 가지는 것으로 볼 수 있다. 따라서 (487), (488)의 翻译와 (489), (490)의 低는 겸류인 반면 (491)과 (492)의 花는 동음이의어이다.

3 문장성분

문장을 분석해 얻어진 단어를 그 성격에 따라 분류한 것이 품사(词类)라면 하나의 문장 내에서 각 부분이 서로 간에 어떤 관계를 맺는가에 관한 것이 문장성분(句子成分)이다. 중국어의 문장성분에는 주어, 위어, 술어, 빈어, 보어, 관형어, 부사어, 중심어 등이 있다.

3.1 주어(主语)와 위어(谓语)

3.1.1 주어와 위어의 관계

중국어의 문장은 대개 주어와 위어 두 부분으로 나뉜다. 주어(主语)는 화자가 말하고자 하는 바를 나타내고 위어(谓语)는 말하고자 하는 바를 설명한다. 그래서 중국어의 문장은 화자가 말하고자 하는 바인 주제와 말하고자 하는 바에 대한 설명인 '주제-설명'의 구조로 이루어진다.

구체적으로 살펴보면 주제와 설명은 대개 '무엇이 어찌한다', '무엇이 어떠하다'의 의미를 나타낸다. 주로 용언성분이 위어로 쓰이는데 위어가 동사인 경우 '누가 혹은 무엇이 어찌한다'의 의미를 나타낸다. 이때 위어로 쓰인 동사는 동작을, 주어는 이 동작을 행한 자를 나타낸다.

(1) 老王突然笑了。

老王이 갑자기 웃었다.

(2) 他喝了一杯水。

그는 물을 한잔 마셨다.

예를 들면 (1)에서 문장구성에 필수적이지 않은 성분들을 빼고 문장의 골격만 놓고 보면 위어로 쓰인 동사 笑는 '웃다'라는 동작을 나타내고 주어인 老王은 이 동작을 행한 자가 된다. (2)에서는 동사 喝라는 동작을 행한 자가 他이다.

주어는 대개 동사 동작의 행위자이지만 피동을 나타내는 被, 給 등의 개사가 쓰여 문두에 동작의 대상이 주어로 나오기도 한다.

(3) 这条信息已被删除。

이 소식은 이미 삭제 당했다.

(4) 电视给老王弄坏了。

TV는 老王에 의해 망가졌다.

예를 들면 (3)에서 주어인 这条信息는 删除라는 동작의 대상이고 (4)에서 주어 电视는 弄坏라는 동작의 대상이며 이 동작의 행위자 老王은 개사 给의 빈어이다. 이런 문장을 보통 피동문이라고 한다. 또 경우에 따라서는 피동을 나타내는 개사가 없이도 동작의 대상이 문두에 나오기도 한다.

(5) 今年的欠薪他们全都发了。

올해의 밀린 임금은 그들이 모두 지급했다.

(6) 我家的电视老王弄坏了。

우리집 TV는 老王이 망가뜨렸다.

주어와 위어 간의 관계를 행위자, 대상 등으로 특정하기 힘든 경우도 있다.

(7) 他就是我们老板。

그 사람이 바로 우리 사장이다.

(8) 今天二月十一号。

오늘은 2월 11일이다.

주어가 장소를, 위어가 그 장소에 위치는 사람이나 사물을 나타내는 경우도 있다.

(9) 房间里坐满了客人。

방안에는 손님들이 가득 앉아있다.

(10) 桌子上有一盘水果。

탁자 위에는 과일 한 접시가 있다.

위어가 형용사인 경우 '누가 혹은 무엇이 어떠하다'의 의미를 나타내는데 이때 위어는 '어떠하다'의 의미를 주어는 '누구 혹은 무엇'의 의미를 나타낸다.

(11) 她姐姐的个子很高。

그녀 언니의 키가 아주 크다.

(12) 天已经黑了。

날이 이미 어두워졌다

이렇듯 중국어에서는 주어와 위어간의 의미관계가 다른 언어에 비해 복잡하다.

3.1.2 주어

중국어에서는 명사, 대사, 수량사 등 체언 성분 뿐 아니라 아주 다양한 성분이 주어로 쓰일 수 있다. 우선 명사나 대사, 명사구 등과 같은 체언 성분이 주어로 많이 쓰인다.

(13) 中国是世界上人口最多的国家。

중국은 세계에서 인구가 가장 많은 국가이다.

(14) 我们都看过那本书。

우리는 모두 그 책을 읽은 적이 있다.

(15) 我们看的那本书很有意思。

우리가 본 그 책은 아주 재미있다.

간혹 수량사도 주어로 쓰인다.

(16) 两个还是不够。

두 개는 역시 부족하다.

(17) 两斤等于一公斤。

두 근은 1킬로그램과 같다.

체언성격의 的자구도 주어로 쓰인다.

(18) 该参加的都参加了。
　　참가해야 할 사람은 모두 참가했다.

(19) 我说的都是真的。
　　내가 말한 것은 모두 정말이다.

체언성분이 주어로 쓰이는 것은 한국어 등 다른 언어도 마찬가지이지만 중국어에서는 다른 언어와는 다르게 동사나 동사구, 형용사나 형용사구 등과 같은 용언성분도 주어로 쓰일 수 있다.

(20) 学一门外语真不容易。
　　외국어 하나를 배우는 것은 정말 쉽지 않다.

(21) 太容易是个问题，太难也是个问题。
　　너무 쉬워도 문제이고 너무 어려워도 역시 문제이다.

(20)에서 주어는 学一门外语(외국어 하나를 배우다)라는 술빈구조이고 (21)에서 주어는 太容易(너무 쉽다)와 太难(너무 어렵다)이라는 용언성격의 수식구조이다.

중국어에서는 문장의 기본구조인 주위구조(主谓结构) 자체가 주어로 쓰일 수도 있다.

(22) 他去应该更好。
　　그가 가는 것이 더 좋다.

(23) 你今天不去也没有问题。

네가 오늘 가지 않는 것도 괜찮다.

(22)에서 주어부분인 他去와 (23)의 주어부분인 你今天不去는 그 자체가 마치 하나의 문장처럼 '주어-위어'의 구조로 되어 있다.

3.1.3 위어

중국에서는 다양한 용언성분과 일부 체언성분 등 다양한 성분이 위어로 쓰인다. 우선 동사나 동사구, 형용사나 형용사구와 같은 용언성분이 주로 위어로 쓰인다.

(24) 我们班的同学都笑了。

우리반 친구들은 모두 웃었다.

(25) 他又兴奋又惭愧。

그는 흥분되기도 했고 부끄럽기도 했다.

형용사가 위어로 쓰이는 경우 형용사 하나만 위어로 쓰이는 경우는 많지 않고 형용사 앞에 정도부사나 뒤에 了등이 같이 쓰이는 경우가 대부분이다. 만약 형용사 하나만 위어로 쓰이면 다른 무엇과 비교를 한다거나 대조를 한다는 의미를 나타낸다.

(26) 她眼睛大，但她女儿眼睛小。

그녀는 눈이 크지만 그녀의 딸은 눈이 작다.

(27) A: 你看这本书好还是那本书好?

네가 보기에 이 책이 좋니 아니면 저 책이 좋니?

B: 这本好。

이 책이 좋아

위와 같은 용언성분 외에도 명사나 명사구 등의 체언성분도 위어로 쓰이곤 한다. 우선 명사가 단독으로 위어로 쓰이기도 한다.

(28) 明天星期五。

내일은 금요일이다.

(29) 今天中秋。

오늘은 추석이다.

명사가 단독으로 위어로 쓰이는 경우는 그리 많지 않지만 명사적인 성격의 수식구가 위어로 쓰이는 경우는 꽤 많다.

(30) 王老师山东人。

왕선생님은 산동사람이다.

(31) 那个人高个子。

그 사람은 큰 키이다.

수량사도 직접 위어로 쓰일 수 있다.

(32) 一打十二支。

한 타는 열두 자루이다.

(33) 这人三十多岁。

이 사람은 삼십여세이다.

위에서 주위구조가 주어로 쓰일 수 있다고 했는데 주위구조는 위어로도 쓰일 수 있다.

(34) 我弟弟眼睛很大。

내 동생은 눈이 크다.

(35) 全班同学学习非常努力。

반 친구들은 공부가 아주 열심이다.

(34)에서 我弟弟가 주어이고 眼睛很大가 위어인데 위어인 眼睛很大는 자체가 하나의 주위구조로 다시 주어 眼睛과 위어 很大로 분석된다. 이런 문장을 주위위어문이라고 하는데 이때 주어와 위어 사이에 구조조사 的을 넣을 수 있는 경우도 있다.

(36) 我弟弟的眼睛很大。

내 동생의 눈은 아주 크다.

(34)와 (36)는 비슷해 보이지만 (36)에서는 我弟弟的眼睛이 주어이고 很大가 위어이므로 (34)와 같은 주위위어문이 아닌 일반적인 문장이다. 이 때문에 일부에서는 주위위어문이라는 특수한 문형이 존재하는 것이 아니라 (36)와 같은 일반적인 문장구조에서 我弟弟와 眼睛사이의 的가 생략되면서 (34)의 문장이 형성된 것이라고 보기도 한다. 하지만 그래도 중국어에는 주위위어문이라는 특수한 문형이 존재하는 것으로 보이는

데 그 근거는 첫째, (34)와 (36)은 의미적으로 약간의 차이가 있다. (34)는 弟弟가 어떻다는 것이고 (36)는 眼睛이 어떻다는 것이기 때문이다. 둘째, 주어와 위어 사이에는 대개 약간의 휴지나 어기사를 둘 수 있는데 (34)에서 그 휴지나 어기사는 我弟弟眼睛과 很大 사이가 아니라 我弟弟와 眼睛很大 사이에 들어간다.

(34') 我弟弟呀，眼睛很大。
내 동생은 말이야, 눈이 아주 커.

셋째, (35)같은 경우 주어와 위어 사이에 的을 넣어 주위위어문을 일반적인 문장으로 바꿀 수도 없다.

(37) *全班同学的学习非常努力。
반 친구들의 공부가 아주 열심이다.

따라서 주위위어문을 중국어의 특수한 구문으로 인정하는 것이 일반적이다.

이렇듯 문장의 기본구조인 주위구조가 단독으로 문장으로 쓰이지 않고 주어나 위어, 빈어 등과 같은 문장의 일부로 쓰이는 현상은 이 책의 마지막 '안긴 문장' 부분에서 조금 더 살펴 볼 것이다.

3.2 술어(述语)와 빈어(宾语)

3.2.1 술어와 빈어의 관계

술빈구조에서 술어는 모두 동사로 동작을 나타내고 빈어는 이 동작의 영향이나 지배를 받는 대상을 가리킨다. 술어와 빈어간의 의미관계는 다음과 같이 좀 더 세분할 수도 있다.

빈어는 술어 동사 동작의 대상인 경우가 가장 많다.

(38) 今天我洗了很多衣服。

오늘 나는 많은 옷을 빨았다.

(39) 昨天我们看了一部电影。

어제 나는 영화 한편을 보았다.

빈어가 술어 동사 동작의 결과로 생겨난 경우도 있다.

(40) 我给小赵写了一封信。

나는 小赵에게 편지를 한 통 썼다.

(41) 去年底他在老家盖好了房子。

작년 말 그는 고향에 집을 다 지었다.

빈어가 술어 동사 동작에 필요한 도구를 나타내기도 한다.

(42) 他也抽了一口烟斗。

그도 담배대를 한 모금 빨았다.

(43) 您吃大碗，我吃一小碗就够了。

당신은 큰 그릇을 드십시오. 저는 작은 그릇 하나 먹으면 됩니다.

(44) 天这么冷，你就不能洗凉水了。

날씨가 이렇게 추우니 너 찬물로 씻을 수 없다.

특히 (44)의 洗凉水는 한국어로 '찬물로 씻다'로 명확하게 도구로 해석되지만 중국어로는 술빈관계이다.

또 빈어가 장소나 방향을 나타내기도 한다.

(45) 周一到周五，他一日三餐吃食堂。

월요일부터 금요일까지 그는 하루 세끼 식당에서 먹는다.

(46) 他刚才还在这儿来着。

그는 방금까지도 여기 있었는데.

(45)의 吃食堂도 동작이 일어나는 장소를 나타내서 '식당에서 먹다'로 해석되지만 吃와 食堂간의 관계는 역시 술빈관계이다.

빈어가 술어 동사 동작의 주체인 경우도 있다.

(47) 一楼养猪，二楼住人。

일층은 돼지를 기르고 이층은 사람이 산다.

(48) 昨天邻居家来客人了。

어제 이웃집에 손님이 왔다.

(47)의 住人에서 住가 술어이고 人이 빈어인데 술어와 빈어간의 의미관

계를 보면 빈어는 술어 동작의 주체이다. 즉 사는 것(住)은 사람(人)이다. (48)에서도 술어 来와 빈어 客人의 의미관계를 보면 술어 来가 동작을, 빈어 客人이 동작의 주체를 나타내고 있다. 빈어가 술어 동사 동작의 주체인 경우 문장은 대개 빈어의 출현, 존재, 소멸 등의 의미를 나타내는데 이런 문장을 존현문(存现句)이라는 특수한 문형으로 분류하기도 한다.

그리고 빈어가 동작이나 상태를 나타내는 경우도 있다.

(49) 小李性格内向，平时不爱说话。

小李는 성격이 내향적이고 평소 말하는 것을 좋아하지 않는다.

(50) 我觉得挺好玩，也忍不住笑了起来。

나는 아주 재미있어서 참지 못하고 웃기 시작했다.

3.2.2 술어

술빈구조의 술어로 쓰이는 성분은 모두 동사이다. 특히 동사 중에서도 타동사이다.

(51) 他们于去年和韩国一家建筑公司签订了协议。

그들은 작년 한국의 한 건축회사와 협정을 맺었다.

(52) 她经人介绍认识了老王，并与之结婚。

그녀는 사람의 소개로 老王을 알게 됐고 결혼을 했다.

술빈구조의 술어 중에는 의지, 당위, 가능, 추측 등의 의미를 나타내며 항상 용언성분을 빈어로 취하는 능원동사(能愿动词)라고 불리는 동사들이 있다.

(53) 这个周末我想去首尔玩儿。

이번 주말에 나는 서울에 가서 놀 생각이다.

(54) 我们对政府应该有信心。

우리는 정부에 대해 믿음이 있어야 한다.

술빈구조에서 술어동사 자체는 실제적인 의미를 나타내지 못하고 아주 추상적인 동작의 의미만 나타내고 대신 빈어가 구체적인 동작의 의미를 나타내는 경우도 있다.

(55) 研究小组就2010年中国经济走势进行了分析。

연구팀은 2010년 중국경제 추세에 관해 분석을 진행했다.

(56) 众多观众对他的作品都给予了充分肯定。

많은 관중들이 그의 작품에 대해 충분히 긍정을 해주었다.

이렇게 실제적인 의미를 나타내지 못하고 구체적인 동작의 의미는 빈어가 나타내는 동사를 내용은 없고 형태만 남아 있다고 해서 형식동사(形式动词) 혹은 허화동사(虚化动词)라고 한다. 형식동사에는 进行, 作, 给予, 加以, 予以, 给以 등이 있는데 이들은 주로 서면어에 많이 쓰인다. 이런 동사가 술어로 쓰인 구문에서 동사 자체는 의미적인 공헌이 거의 없고 구체적인 동작의 의미는 빈어가 나타내기 때문에 일부 형식동사구문은 빈어가 직접 술어로 쓰이는 문장으로 바꿀 수도 있다.

(55') 研究小组分析了2010年中国经济走势。

연구팀은 2010년 중국경제 추세를 분석했다.

(56') 众多观众都充分肯定了他的作品。

많은 관중들이 그의 작품을 충분히 긍정을 해 주었다.

여기서 형식동사구문에 쓰이는 分析나 肯定 등의 단어는 본래 동사지만 쉽게 빈어로 쓰이고 또 다른 동사가 명사를 수식하거나 명사의 수식을 받을 때 조사 的의 도움이 필요한 것과 달리 직접 명사를 수식하거나 명사의 수식을 받을 수도 있다. 이런 의미에서 이들 단어는 명사의 성격을 띠고 또 단독으로 술어로 쓰일 수 있다는 의미에서 동사의 성격도 띠고 있어 명동사(名动词)라고 부른다.

3.2.3 빈어

중국어에서는 명사나 대사, 수량사, 的자구조 등 체언성분 뿐 아니라 다양한 용언성분이 빈어로 쓰일 수 있다. 우선 명사나 대사, 수량사 등 체언성분은 모두 빈어로 쓰일 수 있다.

(57) 我正在学汉语。

나는 중국어를 배우고 있는 중이다.

(58) 你到底要干什么?

너 도대체 뭘 하려고 하니?

(59) 白菜我只买了一斤。

배추를 나는 한 근만 샀다.

체언성격의 的자구도 빈어로 자주 쓰인다.

(60) 我喜欢我自己做的。

나는 내가 직접 만든 것을 좋아한다.

(61) 他又买了一双黑的。

그는 검은 것 한 켤레를 또 샀다.

위에서 빈어로 쓰이는 성분은 모두 체언성분인데 중국어에서는 체언성분 외에도 동사(구)나 형용사(구)와 같은 용언성분도 빈어로 쓰일 수 있다.

(62) 能够和大家见面，我感到非常高兴。

여러분과 만날 수 있게 돼서 저는 아주 기쁩니다.

(63) 桂林的风光实在迷人，我很想再去一趟。

계림의 풍광은 아주 매혹적인데 나는 정말 다시 한번 가보고 싶다.

(62)에서 술빈구조 感到非常高兴의 빈어 非常高兴은 형용사구이고 (63)에서 술빈구조 想再去一趟의 빈어 再去一趟은 동사구로 둘 다 모두 용언구이다.

위에서 주위구조가 주어로도 위어로도 쓰일 수 있다고 했는데 주위구조는 아래에서처럼 빈어로도 쓰일 수 있다.

(64) 他也同意我们这样做。

그도 우리가 이렇게 하는데 동의했다.

(65) 我认为他行事不够果断。

나는 그가 일하는데 충분히 과감하지 못하다고 생각한다.

(64)과 (65)에서 빈어로 쓰이고 있는 我们这样做과 他行事不够果断은 모두 그 자체가 주위구조로 이루어져 있다.

보통 술빈구조에서 술어 하나에 빈어 하나가 결합하는 경우가 대부분이지만 이중빈어(双宾语)를 취하는 동사도 있다.

(66) 老师给了我一本中文书。
선생님은 나에게 중국어 책 한 권을 주셨다.

(67) 我送了她一束鲜花。
나는 그녀에게 생화 한 송이를 주었다.

한국어나 영어에서도 '주다'라는 의미의 동사가 대개 이중빈어를 취하는데 중국어에서는 '주다'라는 의미의 동사 외에도 教，借，还, 叫 등 다양한 의미의 동사들이 이중빈어구문을 구성한다.

(68) 你借他点钱应急。
네가 급하게 쓰게 그에게 돈 좀 빌려줘.

(69) 我们都叫他小李。
우리는 모두 그를 小李라고 부른다.

이중빈어구문에서 두 개의 빈어 중에서 하나는 사람을 다른 하나는 사물을 가리키는데 보통 사람을 가리키는 빈어가 앞에, 사물을 가리키는 빈어가 뒤에 나온다.

3.3 술어와 보어(述语和补语)

3.3.1 술어와 보어의 관계

보어는 술어 뒤에서 술어를 보충 설명하는 성분이다. 여기서 소위 '보충설명'의 내용은 다양한데 일반적으로 보충 설명의 내용은 결과, 방향, 가능, 정도 등 네 가지로 대별할 수 있고 따라서 보어의 종류도 결과보어, 방향보어, 가능보어, 정도보어의 네 종류가 있다. 결과, 방향, 가능, 정도 등이 보어의 보충설명의 내용에 근거해 분류한 것이라면 보어를 이루는 성분에 근거해 수량보어, 개사보어 등을 설정하기도 한다.

술보구조에서 술어로 쓰이는 성분은 주로 단일 동사나 형용사로 간단한 반면 보어는 간단할 수도 있고 복잡할 수도 있다.

(70) 那本书我已经看完了。
　　그 책은 나는 벌써 다 봤다.
(71) 他那本书厚得很。
　　그의 그 책은 굉장히 두껍다.

(70)와 (71)에서 보어는 하나의 단어로 비교적 간단하다. 하지만 다음 예문에서 보어는 복잡한 형태를 띠고 있다.

(72) 你说得更直接一点。
　　너 더 직접적으로 말해봐라.
(73) 我有足够的信心，有信心就能做得比别人好。
　　나는 충분한 자신감이 있고 자신감이 있으니 다른 사람보다 더 잘 할 수 있다.

술어와 보어를 연결하는 구조조사 得는 보어의 종류에 따라 쓰이기도 하고 쓰이지 않기도 한다. 구조조사 得가 쓰이는가의 여부는 보어의 종류와 관련이 있는데 정도보어와 가능보어에는 得가 쓰이기도 쓰이지 않기도 하며 결과보어와 방향보어에는 得가 쓰이지 않는다. 한편 수량보어와 개사보어에도 역시 得가 쓰이지 않는다.

3.3.2 결과보어(结果补语)

결과보어는 술어의 결과에 대한 보충설명으로 동작을 통해 특정 결과가 나타났음을 나타내며 이때 술어와 보어 사이에는 구조조사 得가 쓰이지 않는다. 결과보어에서는 동사가 주로 술어로 쓰인다.

(74) 你先把话说清楚。
너는 우선 말을 명확하게 해라.

(75) 李同学骑走了我的自行车。
李同学는 내 자전거를 타고갔다.

그리고 형용사와 일부 단음절 동사가 결과보어로 쓰인다.

(76) 他洗了5分多钟才差不多洗干净。
그는 5분이나 빨고서야 거의 깨끗하게 빨았다.

(77) 我的话，你们听懂了没有?
내 말 너희들 알아들었니?

결과보어로 쓰이는 형용사나 동사는 그리 많지 않은데 完, 好, 见, 住, 着,

掉 등이 자주 결과보어로 쓰인다. 보어란 술어를 '보충 설명'하는 성분이지만 때에 따라서는 술어만으로 의미전달이 충분하지 않아 결과보어가 꼭 필요한 경우도 있다.

(78) A: 你看这个问题应该怎么办?
네가 보기에 이 문제는 어떻게 해야겠니?
B: 这个问题嘛，我已经想好了。
이 문제 말이야, 내가 벌써 생각해뒀지.

여기서 A에 대한 대답으로 B에서 결과보어를 사용하지 않고 想了라고만 하면 의미 전달이 충분하지 않으며 따라서 여기서 결과보어 好는 꼭 필요한 성분이다.

같은 동사가 쓰인 경우라도 결과보어에 따라 미세한 의미차이가 발생하기도 한다.

(79) 我们学校食堂的饭菜还可以，五元能吃饱，十元能吃好。
우리학교 식당의 밥은 그럭저럭 괜찮아서 5원이면 배불리 먹고 10원이면 잘 먹을 수 있다.

여기서는 吃饱와 吃好라는 두 개의 술보구조가 쓰였는데 吃라는 술어에 서로 다른 결과보어가 쓰여 미세한 의미 차이를 나타내고 있다. 吃饱는 단순히 '먹어서 배가 부르다'는 의미이고 吃好는 '먹어서 원하는 정도에 도달하다', '잘 먹다'라는 의미이다.

술어와 결과보어의 결합은 다른 보어에 비해 훨씬 긴밀해서 하나의 단어처럼 보이기도 한다. 따라서 술어와 결과보어 사이에는 보통 다른 성분이 끼어들지 않고 동태조사나 빈어도 결과보어 뒤에 놓인다.

(80) 该做的我们都已经做完了。

해야 하는 것들을 우리는 다 했다.

(81) 他也看见过这本书。

그도 이 책을 본 적이 있다.

결과보어를 부정할 때는 보통 没를 사용한다.

(82) 你还没有把话说清楚。

너는 아직 말을 명확하게 하지 않았다.

(83) 李同学没有骑走你的自行车。

李同学는 너의 자전거를 타고가지 않았다.

하지만 가정이나 조건을 나타낼 때는 不을 사용해 부정하는 경우도 있다.

(84) 作业不做完，你就不准出去。

숙제를 다 하지 못한다면 넌 나갈 수 없다.

(85) 你不把话说清楚，我就不能帮你了。

네가 말을 명확하게 하지 않으면 나는 너를 도울 수 없다.

같은 동작이라도 다양한 결과가 있을 수 있고 또 한 가지 결과가 다양한 동작으로 인해 나타날 수 있다. 따라서 한 동사에 다양한 결과보어가 결합하여 동일 동작을 통한 다양한 결과를 나타낼 수 있다.

(86) 那杯水已经<u>喝完</u>了。

그 물은 이미 다 마셨다.

(87) 那瓶酒已经<u>喝光</u>了。

그 술은 이미 다 마셨다.

(88) 我已经<u>喝饱</u>了。

나는 이미 마셔서 배가 불렀다.

또 하나의 결과보어가 다양한 동사와 결합하여 다양한 동작을 통해 나타난 한 가지 결과를 나타낼 수도 있다.

(89) 衣服已经<u>洗干净</u>了。

옷은 이미 깨끗하게 빨았다.

(90) 黑板已经<u>擦干净</u>了。

칠판은 이미 깨끗하게 지웠다.

(91) 地已经<u>扫干净</u>了。

바닥은 이미 깨끗하게 쓸었다.

3.3.3 방향보어(趋向补语)

방향보어는 술어의 방향에 관한 보충설명이며 이때도 술어와 보어 사이에는 구조조사 得가 쓰이지 않는다. 방향보어에서 동사가 주로 술어로 쓰이며 上, 下, 进, 出, 回, 过, 起, 來, 去 등 아홉 개의 동사가 보어로 쓰여 동사 동작의 방향에 관한 보충설명을 한다. 이 아홉 개의 동사는 하나씩 개별적으로 보어로 쓰이기도 하는데 이를 단순방향보어(简单趋向补语)라고 한다.

(92) 他快步走进了教室。

그는 빠른 걸음으로 교실로 걸어 들어갔다.

(93) 他一看见我就向我跑来了。

그는 나를 보자마자 나를 향해 뛰어왔다.

來, 去는 다른 일곱 개의 동사들과 결합해 방향보어로 쓰이기도 하는데 이를 복합방향보어(复合趋向补语)라고 한다.

〈표: 복합방향보어표〉

	上	下	进	出	回	过	起
来	上来	下来	进来	出来	回来	过来	起来
去	上去	下去	进去	出去	回去	过去	-[1]

방향보어에서 来는 동작이 기준점 쪽으로 가까워짐을, 去는 동작이 기준점에서 멀어짐을 나타낸다.

(94) 他从教室走出来了。

그는 교실에서 걸어 나왔다.

(95) 他从楼梯上滚下去了。

그는 계단에서 굴러 떨어졌다.

(94)에서 말하는 사람은 교실 밖에 있고 他가 말하는 사람 쪽으로 온 것이고 (95)에서 말하는 사람은 위에 있고 他가 말하는 사람에게서 멀어진 것이다.

1) 현대 중국어에서 起去라는 복합방향보어는 쓰이지 않는다.

방향보어도 보통 没를 사용해 부정하며 가정이나 조건을 나타낼 때는 不을 사용해 부정하기도 한다.

(96) 人家都回来了，就他一个人没有回来。

다른 사람들은 모두 돌아왔는데 그 사람 하나만 돌아오지 않았다.

(97) 如果他不回来，我们就去找他。

그 사람이 돌아오지 않으면 우리가 가서 찾는다.

문장에 빈어가 나오는 경우 그 위치는 보어의 형태나 나타내는 의미에 따라 다양하다. 단순방향보어의 경우 방향보어가 来, 去라면 빈어는 술어와 보어 사이에 위치할 수도 있고 술보구조 뒤에 위치할 수도 있다.

(98) 他给我拿一份报纸来了。

그는 나에게 신문 한 부를 가져왔다.

(98') 他给我拿来了一份报纸。

그는 나에게 신문 한 부를 가져왔다.

하지만 빈어가 장소를 나타낸다면 빈어는 술어와 방향보어 사이에만 위치할 수 있다.

(99) 他回宿舍去了。

그는 기숙사로 돌아갔다.

(100) 我进教室来了。

나는 교실로 들어왔다.

보어가 来나 去가 아닌 다른 방향동사인 경우 보통 빈어는 보어 뒤에 위치한다.

(101) 人人都可以拿起法律武器保护自己的合法权益。

사람들은 모두 법률무기로 자신의 합법적인 권익을 보호할 수 있다.

(102) 他急中生智，装出很痛苦的样子。

그는 급한 상황에서 꾀를 내 아주 괴로운 척 했다.

복합방향보어의 경우 빈어는 술어와 보어 사이에 위치할 수도 있고, 복합방향보어 사이에 위치할 수도 있으며, 보어 뒤에 위치할 수도 있다. 아래의 세 예문에는 모두 拿出来라는 술보구조와 一本书라는 빈어가 쓰였지만 빈어의 위치는 각기 다르다.

(103) 每天晚上我拿一本书出来给她念。

매일 저녁 나는 책을 한권 꺼내 그녀에게 읽어준다.

(103') 她时常拿出一本书来读。

그녀는 종종 책을 한권 꺼내 읽는다.

(103'') 他从怀里拿出来一本书。

그는 품에서 책 한권을 꺼냈다.

복합방향보어와 빈어의 위치에서 세 가지 위치가 모두 가능하기는 하지만 빈어가 방향보어 사이에 위치하는 경우(103')가 가장 많고, 이미 일어난 동작의 경우 방향보어 뒤에 위치하는 경우(103'')도 있고, 빈어가 방향보어 앞에 위치하는 경우(103)는 가장 적다.

하지만 빈어가 장소를 나타내면 빈어는 보어 사이에 위치한다.

(104) 小明突然跑进教室去了。

小明은 갑자기 교실로 뛰어 들어갔다.

(105) 他急急忙忙地走下楼来了。

그는 황급히 아래층으로 걸어 내려왔다.

방향보어는 본래 술어의 방향에 관한 보충설명이지만 구체적인 방향의 의미를 나타내지 않고 추상적인 파생의미를 나타내는 경우도 많이 있다.

(106) 他看上去挺健康的。

보아하니 그는 아주 건강하다.

(107) 我们一定要坚持下去。

우리는 반드시 계속해 나가야 한다.

(108) 她晕过去一会儿，马上又醒过来了。

그녀는 잠시 정신을 잃었다가 곧 깨어났다.

(106)에서 보어 上去는 '아래에서 위쪽으로 멀어지다'라는 원래의 방향의 의미에서 파생되어 '시선이 말하는 사람 쪽에서 위쪽으로 멀어져 가다'라는 뜻을 나타낸다. (107)에서 보어 下去도 '위에서 아래쪽으로 멀어지다'라는 방향의 의미에서 파생되어 '시간이 아래쪽으로 흘러가다'라는 뜻을 나타낸다. (108)에서 보어 过去와 过来도 '정신이 나가다'와 '정신이 돌아오다'라는 파생의미를 나타내고 있다.

방향보어의 파생의미가 더 발전해서 결과의미와 구분이 쉽지 않아

술어 뒤의 방향동사를 방향보어로도 결과보어로도 볼 수 있는 경우도 있다.

(109) 他是个很有个性的球员，我就看上了他这一点。
그는 개성이 아주 강한 선수로 나는 바로 그의 이 점을 잘 봤다.

(110) 我们公司新产品的价格在7月初一定会定下来。
우리 회사 신제품의 가격은 7월 초에는 반드시 정해질 것이다.

(109)에서 上은 이미 구체적인 방향의 의미도 아니고 이 의미에서 직접 파생된 의미라고 보기도 힘들다. 여기서 上은 방향의 의미보다는 결과의 의미에 가까워 보이고 따라서 이런 보어를 방향보어로 보아야 할지 결과보어로 보아야 할지 명확하지 않다. (110)의 下来도 마찬가지인데 본래 '내려오다'라는 의미와의 거리가 너무 멀어져 방향의 의미보다는 결과의 의미에 가까워 보인다.

한편 방향보어는 동사술어와만 결합하는 것이 일반적이지만 방향보어가 구체적인 방향의 의미를 나타내지 않고 파생용법으로 쓰일 때는 형용사도 술보구조의 술어로 쓰이곤 한다.

(111) 天气突然好起来了。
날씨가 갑자기 좋아지기 시작했다.

(112) 烛光渐渐地暗下去了。
촛불 빛이 점점 어두워졌다.

3.3.4 가능보어(可能补语)

가능보어는 술어의 가능성에 관한 보충설명이다. 가능보어에는 크게 두 가지 종류가 있다. 한 가지는 결과보어나 방향보어에서 술어와 보어 사이에 得나 不가 들어가 만들어진 것이다. 또 다른 한 가지는 술어 뒤에 得나 不得, 혹은 得了나 不了가 붙어 만들어진 것이다.

우선 술어와 결과보어 사이에 得나 不를 넣어 술어동작의 어떤 결과가 가능한지 가능하지 않은지를 나타낼 수 있다.

(113) 我的话，你们听得懂听不懂?

내 말을 너희들은 알아들을 수 있니 없니?

(114) 他现在吃这么点，肯定吃不饱。

그가 지금 이 정도를 먹어서는 분명히 배부를 수 없다.

(113)에서 听懂이라는 술어와 결과보어 사이에 得와 不를 넣어 '들어서 이해하다'라는 결과가 가능한지 혹은 가능하지 않은지를 나타내는 가능보어를 만들고 긍정, 부정 형태를 병렬해서 의문을 나타내고 있다. (114)에서 吃不饱도 吃饱라는 술어와 결과보어 사이에 不가 들어가 吃饱라는 술어의 결과가 가능하지 않음을 나타낸다.

술어와 방향보어 사이에 得나 不를 넣어 술어동작의 어떤 방향이 가능한지 가능하지 않은지를 나타내기도 한다.

(115) 这么晚了，你一个人回得去吗?

이렇게 늦었는데 너 혼자 돌아갈 수 있니?

(116) 没有钥匙，进不去了。

열쇠가 없어서 들어갈 수가 없게 됐다.

(115)는 回去라는 술어와 방향보어 사이에 得가 들어가 '돌아가다'라는 동작의 방향이 가능함을 나타내고 있다. 이런 가능보어의 부정형태는 回不去로 '돌아가다'라는 동작의 방향이 가능하지 않음을 나타낸다. (116)는 进去라는 술어와 방향보어 사이에 不가 들어가 '들어가다'라는 동작의 방향이 가능하지 않음을 나타낸다.

가능보어는 긍정형태와 부정형태가 모두 쓰일 수 있지만 실제로는 의문문을 제외하고는 주로 부정형태로 쓰이고 어떤 동작의 결과나 방향이 가능하다는 뜻을 나타낼 때는 주로 술보구조 앞에 능원동사 能이나 可以를 쓴다.

(117) 看不见大海，却能听见涛声。

바다를 볼 수 없지만 파도소리는 들을 수 있다.

(118) 没有关系，我还可以回来再试一次。

상관없어, 나는 돌아와서 다시 한번 해 볼 수 있어.

일부 가능보어는 결과보어와 방향보어에서 만들어졌지만 지금은 결과보어나 방향보어로는 쓰이지 않고 가능보어의 형태로만 쓰이는 경우도 있다.

(119) 他自觉最对不起自己的父母。

그는 가장 미안한건 자신의 부모님이라고 느꼈다.

(120) 她来不及换衣服，穿着睡衣就往楼下跑去了。

그녀는 옷을 갈아입을 새도 없이 잠옷을 입고 뛰어 내려갔다.

(119)에서 对不起는 분명 对起라는 구조에서 파생된 가능보어의 부정형태이지만 현재 对起라는 술보구조는 쓰이지 않는다. (120)에서 来不及도 역시 来及라는 구조에서 파생된 가능보어의 부정형태이지만 현재 来及라는 형태는 쓰이지 않는다. 이런 가능보어에는 对得起/对不起, 来得及/来不及외에 经得起/经不起, 划得来/划不来, 禁得住/禁不住, 靠得住/靠不住 등이 있다.

이처럼 결과보어와 방향보어 사이에 得나 不를 넣어 만들어진 가능보어도 있지만 그 외에도 술어 뒤에 ~得了나 ~不了를 붙여 가능이나 불가능을 나타내기도 한다.

(121) 只要靠着他，什么事都办得了。

그에게 의지하기만 하면 무슨 일이든 할 수 있다.

(122) 大事办不了，小事又不愿意办。

큰 일은 할 수 없고 작은 일은 하려 하지 않는다.

得了/不了는 주로 동사 뒤에서 가능이나 불가능을 나타내지만 간혹 형용사 뒤에 쓰이는 경우도 있다.

(123) 吃药打针好不了就得输液了。

약을 먹고 주사를 맞아도 좋아질 수 없다면 링겔을 맞아야 한다.

(124) 这有什么大不了的，何必大惊小怪呢?

이게 뭐 대단할게 있다고 어찌 호들갑을 떨 필요가 있는가?

동사 뒤에 得了/不了가 붙어 이루어진 가능보어의 경우에도 긍정형태와 부정형태가 모두 쓰일 수 있지만 실제로는 의문문을 제외하고는 주로 부정형태만 쓰이며 상응하는 긍정의 의미에는 주로 능원동사 能이 쓰인다.

(125) 谁都知道，那什么也保证不了。
그것은 아무 것도 보장할 수 없다는 것을 누구든 안다.
(126) 只有经济平稳较快发展，才能保证有充足的就业机会。
경제가 안정적이고 빠르게 발전해야만 충분한 취업기회를 보장할 수 있다.

또 동사 뒤에 ~得나 ~不得를 붙여 가능이나 불가능을 나타내기도 한다.

(127) 那么危险的地方，你也去得?
그렇게 위험한 곳에 너 갈 수 있니?
(128) 那里太危险，你们现在去不得。
그곳은 너무 위험해서 너희들은 지금 갈 수 없다.

得/不得가 붙어 가능보어를 이루는 동사는 많지 않고 상당수는 하나의 단어처럼 굳어져 숙어처럼 쓰이며 긍정형태는 쓰이지 않고 부정형태만 쓰이는 경우도 있다.

(129) 他舍不得花两元钱的车费，就冒雨走回家了。
그는 차비2원 쓰는 것이 아까워 비를 맞으며 집에 갔다.

(130) 这恐怕也怪不得人家。

이것은 다른 사람을 탓할 수도 없는 것 같다.

(129)에서 舍不得는 긍정형태 舍得도 많이 쓰이며 记得나 记不得도 마찬가지이다. 하지만 (130)에서 怪不得는 부정형태로만 쓰이며 恨不得, 顾不得, 巴不得 등도 마찬가지로 부정형태로만 쓰인다.

3.3.5 정도보어(程度补语)

정도보어는 술어가 도달한 정도나 상태에 관한 보충설명이다. 이때 술어는 대개 동사이다.

(131) 你说得太快了，我听不懂。

너는 너무 빨리 말해서 나는 못 알아 듣겠다.

(132) 他棒球打得很好。

그는 야구를 아주 잘 한다.

하지만 술보구조의 술어가 형용사인 경우도 있다.

(133) 这几天生意都好得很。

요 며칠 장사가 아주 잘 된다.

(134) 你们不要高兴得太早了。

너희들 너무 일찍 기뻐 말아라.

정도보어 중에서도 가장 많이 쓰이는 것은 술어와 보어 사이에 得가 쓰인 형태이다. 결과보어, 방향보어, 가능보어 등 다른 보어는 비교적 간단하고 길이도 짧지만 得가 쓰인 정도보어는 길이가 짧을 수도 있지만 아주 길 수도 있으며 다양한 용언성분이 보어로 쓰일 수 있다.

우선 형용사나 형용사구가 정도보어로 쓰이는 경우가 가장 많다.

(135) 这件事他办得很好。

이 일은 그가 잘 했다.

(136) 当时那段路堵得不得了，我一直开得很慢。

당시 그 구간은 많이 막혀서 나는 아주 천천히 몰고 있었다.

병렬구나 수식구, 술빈구, 주위구도 간혹 정도보어로 쓰인다.

(137) 他写字写得又快又好。

그는 글씨를 빨리 쓰기도 하고 잘 쓰기도 한다.

(138) 他说得很有道理。

그는 아주 일리 있게 말한다.

(139) 天热得他都出了一身汗。

날씨가 그가 온 몸에 땀을 흘릴 정도로 덥다.

술어와 보어 사이에 得가 쓰인 정도보어에는 일부 습관적인 용법도 있다. ~得很, ~得慌, ~得不得了, ~得了不得, ~得要命, ~得要死, ~得够呛 등은 항상 이런 형태로만 쓰이고 확장시키거나 변형시킬 수 없다. 이때 술보구조 전체는 약간의 과장된 느낌을 나타낸다.

(140) 我看你的计划好得很。

내가 보기에 너의 계획은 아주 좋다.

(141) 我的心堵得慌，不知道为什么。

내 마음이 꽉 막혀있는데 왠지 모르겠다.

(142) 他一跟陌生人说话就紧张得不得了。

그는 낯선 사람과 말만 하면 정말 긴장한다.

(143) 前一阵人民币升值了，我高兴得了不得。

일전에 인민폐가 절상됐고 나는 무척 기뻤다.

(144) 我那时紧张得要命。

나는 그때 긴장해서 죽을 지경이었다.

(145) 我这两天闷得要死。

나는 요 며칠 답답해서 죽을 지경이다.

(146) 今天看来热得够呛。

보아하니 오늘 무척 더운 것 같다.

得가 쓰이지 않은 정도보어는 极, 透, 多, 坏, 死 등 몇 개 밖에 없다. 이때 정도보어 뒤에는 대개 了가 따라 나오며 술보구조 전체는 역시 약간의 과장된 느낌을 나타낸다.

(147) 因为是第一次去中国，同学们都兴奋极了。

처음 중국에 가는 것이라 친구들은 모두 한껏 들떴다.

(148) 市场情况看起来很好，实际上糟透了。

시장상황은 아주 좋아 보이지만 실질적으로는 엉망이다.

(149) 现在我的身体好多了。

지금 나의 몸은 많이 좋아졌다.

(150) 你是不是累坏了?

너 피곤해서 병 났니?

(151) 快给我饭吃，我要饿死了。

빨리 밥을 줘, 나 배고파 죽겠어.

한편 饿死는 (151)에서처럼 '배고파 죽을'이라는 상태나 정도를 나타내기도 하지만 글자 그대로 '굶어서 죽다'라는 뜻을 나타내기도 한다.

(152) 家里饿死了好几只鸡。

집에서 꽤 여러 마리의 닭이 굶어 죽었다.

이때도 饿死가 술보구조이기는 하지만 여기서 보어 死는 정도보어가 아니라 결과보어이다.

그 외 个로 연결되는 정도보어도 있는데 주로 구어에 많이 쓰인다.

(153) 他把电视砸了个粉碎。

그는 TV를 박살을 내버렸다.

(154) 他一喝酒就说个没完。

그는 술만 마시면 끝도 없이 말을 한다.

단어 하나가 보어로 쓰인 술보구조가 정도보어로도, 가능보어로도 이해될 수 있는 경우가 있다. 예를 들어 办得好는 정도보어로 보면 '잘 처리했다'의 뜻으로 해석되지만 가능보어로 보면 '잘 처리할 수 있다'의 뜻으로도 해석될 수 있다. 이때 정도보어와 가능보어를 구분하는 방법은 다음의 두 가지이다. 첫째, 하나의 단어가 정도보어로 쓰인 경우 긍정형태는 가능보어와 같지만 부정형태는 서로 다르다.

(155) 这件事他办得好。

이 일은 그가 잘 했다.

→ 这件事他办得不好。

이 일은 그가 잘 하지 못했다.

(156) 这件事他办得好。

이 일은 그가 잘 할 수 있다.

→ 这件事他办不好。

이 일은 그가 잘 할 수 없다.

따라서 정반의문문의 형태도 다르다.

(157) 这件事他办得好不好?

이 일은 그가 잘 했니 잘 못했니?

(158) 这件事他办得好办不好?

이 일은 그가 잘 할 수 있니 없니?

둘째, 정도보어는 술어의 정도나 상태에 대한 설명이므로 길이가 길 수도 짧을 수도 있다. 따라서 하나의 단어로 된 정도보어는 더 긴 형태로 확장시킬 수 있으나 가능보어는 확장시킬 수 없다.

(159) 这件事他办得好。

이 일은 그가 잘 했다.

→ 这件事他办得非常好。

이 일은 그가 아주 잘 했다.

→ 这件事他办得比谁都好。

이 일은 그가 누구보다도 잘 했다.

술어 뒤에 빈어와 정도보어가 함께 나타나는 경우 술어 하나에 빈어와 정도보어가 함께 따라오지 못하며 보통 동사를 두 번 써서 '(동사+빈어)+(동사+정도보어)'의 형태로 쓰거나 빈어를 전치시킨다.

(160) 他说汉语说得非常好。

그는 중국어를 아주 잘 한다.

(161) 在我们办公室老同事里面，他英语说得非常好。

우리 사무실 고참 동료 중에서 그가 영어를 제일 잘 한다.

3.3.6 기타보어

여기서는 보어 중에서도 개사보어와 수량보어에 대해 살펴보고자 한다. 결과, 방향, 가능, 정도 등의 보어분류가 그 내용에 근거한 것이라면 개사보어와 수량보어는 보어를 이루는 성분에 근거한 것이다.

1) 개사보어(介词补语): 개사구는 보통 부사어로 쓰이지만 술어 뒤에서 보어로 쓰이기도 하는데 이런 보어를 개사보어라고 한다.

(162) 孙明毕业于仁济大学。

孙明은 인제대학을 졸업했다.

(163) 这本书我才看到第30页。

이 책을 나는 겨우 30페이지까지 읽었다.

보어로 쓰이는 개사구는 부사어로 쓰이는 개사구처럼 시간이나 장소, 방향 등을 나타낸다. 하지만 보어로 쓰일 수 있는 개사는 많지 않아서 于와 到외에 向, 在, 自 등 개사만이 보어로 쓰일 수 있다.

(164) 救市政策走向何方？

시장구제 정책은 어느 방향으로 갈까?

(165) 中国家庭将孩子的教育支出放在很高的位置。

중국 가정은 아이의 교육지출을 아주 높은 위치에 놓는다.

(166) 中国人对足球的热爱都是发自内心的。

중국인의 축구에 대한 열정은 마음속에서 시작된 것이다.

2) **수량보어**(数量补语): 술어 뒤에서 동작이나 상태와 관련된 수량을 나타내는 성분을 일종의 보어로 보아 수량보어로 부르기도 한다. 수량보어에는 시량보어(时量补语)와 동량보어(动量补语)가 있으며 모두 '수사+양사'의 형태이다.

시량보어는 주로 동작이나 상태가 지속된 시간을 나타낸다.

(167) 今天的会议进行了三个小时。

오늘 회의는 3시간동안 진행됐다.

(168) 他今天累了一整天。

그는 오늘 하루 종일 피곤했다.

술어 뒤에 빈어와 시량보어가 함께 나타나는 경우 동사를 두 번 써서 '(동사+빈어)+(동사+시량보어)'의 형태로 쓴다.

(169) 我学汉语学了两年。

나는 2년동안 중국어를 배웠다.

(170) 我等车已经等了三十分钟了。

나는 벌써 30분이나 차를 기다리고 있다.

수량성분을 빈어 앞으로 옮겨 수식어로 만들 수도 있다.

(171) 我学了两年的汉语。

나는 2년동안 중국어를 배웠다.

(172) 今天我们开了一上午的会。

오늘 우리는 오전 내내 회의를 했다.

빈어가 사람이나 인칭대사인 경우 빈어 뒤에 곧바로 수량성분을 쓰기도 한다.

(173) 我认识他这么多年，还没见过他这么激动。

내가 그를 알고 지낸지 이렇게 여러 해이지만 그가 이렇게 흥분한 것을 본 적이 없다.

(174) 他刚才找你好半天了。

그 사람이 방금 너를 한참이나 찾았다.

시량보어가 동작이 완료된 후 경과된 시간을 나타내는 경우도 있다.

(175) 他回去三天了。

그가 돌아간지 3일이 되었다.

(176) 小赵大学毕业已经快五年了。

小赵는 대학을 졸업한 지 벌써 거의 5년이 되었다.

시량보어가 지속된 시간을 나타내는가 혹은 경과된 시간을 나타내는가는 동사 자체의 의미와 밀접하게 관련되어 있다. 동사가 의미적으로 지속될 수 있다면 시량보어는 지속된 시간으로 이해되고 지속될 수 없다면 동작이 완료된 후 경과된 시간으로 이해된다. 따라서 같은 동사라노 상황에 따라 진행으로도, 경과로도 이해될 수 있는 경우도 있다.

(177) 这本书看一个星期才能看完。

이 책은 일주일은 봐야 다 볼 수 있다.

(178) 这本书已经看了一个星期了。

이 책은 본지 벌써 일주일이 되었다.

같은 看一个星期에서 一个星期라는 시량보어는 (177)에서는 동작의 진행 시간을 나타내고 (178)에서는 동작이 완료된 후 경과된 시간을 나타낸다.

동량보어는 주로 동작의 횟수를 나타낸다.

(179) 这本书我已经看了三遍。

이 책을 나는 벌써 3번 보았다.

(180) 这道题太难了。你自己试一下。

이 문제는 너무 어렵다. 네가 직접 한번 해봐라.

비교문에서 수량보어가 비교의 차이를 나타내는 경우도 있다.

(181) 我姐姐比我大五岁。

우리 누나는 나보다 5살이 많다.

(182) 我们班的学生比他们班的学生少两个。

우리 반 학생은 그들 반 학생보다 두명 적다.

술어 뒤의 수량성분은 보어로 보기도 하지만 일부 문법서에서는 빈어의 일종으로 보고 일반빈어와 구분하기 위해 준빈어(准宾语)라고 부르기도 한다.

3.4 관형어(定语)와 부사어(状语)

수식구조는 수식어와 피수식어 두 부분으로 이루어지며 수식어는 관형어(定语)와 부사어(状语)의 두 가지로 나눌 수 있다. 관형어는 체언성분을 수식하는 말이고 부사어는 용언성분을 수식하는 말이다. 수식구조에서 피수식어는 중심어(中心语)라고 한다.

3.4.1 관형어와 중심어

1) **관형어와 중심어**: 관형어는 체언성분을 수식하는 말이다. 관형어와 중심어로 이루어진 수식구조에서 명사, 대사, 수량사, 형용사, 동사, 주위/술빈/술보구조 등 다양한 성분이 관형어로 쓰인다. 관형어로 가장 많이 쓰이는 것은 명사, 대사, 수량사, 형용사이다.

명　사: 汉语老师(중국어선생님)　烤鸭的味道(오리구이의 맛)
대　사: 他姐姐(그의 누나)　我们的计划(우리들의 계획)
수량사: 三件衣服(세 벌의 옷)　这些问题(이들 문제)
형용사: 新政府(신정부)　漂亮的衣服(예쁜 옷)

동사나 술빈, 술보, 주위구조 등 기타 용언성분이 관형어로 쓰이는 경우도 있다.

동사: 看的书(본 책)
술빈: 放水果的盘子(과일을 담는 접시)
술보: 写出来的文章(써낸 문장)
주위: 他正在看的报纸(그가 보고 있는 신문)

이런 수식구조의 중심어는 대개 명사이지만 대사나 동사가 중심어로 쓰이는 경우도 있다. 위의 예는 모두 명사가 중심어로 쓰인 예이다. 대사나 동사가 중심어로 쓰인 예는 다음과 같다.

대사: 可怜的我们(불쌍한 우리들)

동사: 春天的到来(봄의 도래)

동사가 중심어로 쓰인 경우라도 수식구조 전체는 주어나 빈어 자리에 위치하며 체언성격을 띤다.

(183) 但这位政治家的到来却引起了满场嘘声。
하지만 이 정치가의 입장은 장내 야유를 불러일으켰다.
(184) 迎春花发出诱人的清香，好像在欢迎春天的到来。
영춘화가 사람을 유혹하는 향기를 내뿜는게 봄의 도래를 환영하고 있는 것 같다.

(183)에서는 동사가 중심어로 쓰인 수식구가 주어 위치에 있고 (184)에서는 동사가 중심어로 쓰인 수식구가 빈어 위치에 있으며 수식구조 전체는 체언성격을 띠고 있다.

의미적으로 관형어는 중심어의 성질, 소속, 수량 등을 나타낸다.

(185) 我们也会走类似的路线。
우리도 비슷한 노선을 걸을 것이다.
(186) 我的伤一直没彻底好。
나의 부상은 줄곧 완전히 좋아지지 않고 있다.
(187) 我为你买了一本小说。
나는 너를 위해 소설 한 권을 샀다.

(185)에서 수식구조 类似的路线의 관형어 类似는 중심어 路线의 성질을 나타낸다. 그리고 (186)에서 수식구조 我的伤에서 我는 伤의 소속을

나타내고 (187)에서 수식구조 一本小说에서 一本은 小说의 수량을 나타낸다.

2) **구조조사 的**: 관형어와 중심어를 연결하는 구조조사 的는 상황에 따라 쓰이기도 하고 쓰이지 않기도 한다. 的가 어떤 때 쓰이고 어떤 때 쓰이지 않는지는 관형어의 성격, 중심어의 성격, 수식구조가 나타내는 의미, 구체적인 언어환경 등에 따라 아주 복잡하다.

명사가 관형어로 쓰이는 경우 烤鸭的味道(오리구이의 맛)처럼 소유관계를 나타낼 때는 的를 쓰는 것이 일반적이다. 그리고 汉语老师(중국어 선생님)나 石狮子(돌사자)처럼 속성, 재료 등을 나타낼 때는 的를 쓰지 않는 것이 일반적이다. 또 学校正门(학교 정문)과 学校的正门(학교의 정문)처럼 的가 쓰일 수도 있고, 쓰이지 않을 수도 있는 경우도 있다. 같은 수식구조라도 的가 쓰이는지의 여부에 따라 그 의미에 차이가 있는 경우도 있다.

(188) 我有一个<u>中国朋友</u>。
나는 한 명의 중국친구가 있다.

(189) 韩国是<u>中国的朋友</u>。
한국은 중국의 친구이다.

여기서 中国朋友와 中国的朋友는 모두 수식구조로 中国가 朋友를 수식하고 있다. 하지만 수식구조 중간의 的의 유무에 따라 의미에 차이가 있다. 中国朋友에서 관형어 中国는 성질을 나타내며 '중국인 친구'라는 의미이다. 반면 中国的朋友에서 中国는 소속을 나타내며 '중국이 아닌 다른 국적의 친구'라는 의미이다. 또 다른 예를 보자.

(190) 孩子的脾气不好。

아이의 성격이 좋지 않다.

(191) 他这个人有点孩子脾气。

그 사람은 약간 아이 같은 성격이다.

여기서도 孩子的脾气와 孩子脾气는 모두 수식구조이지만 孩子的脾气는 '아이의 성격'이라는 의미이며 孩子脾气는 '아이 소유의 성격'이 아니라 '아이 같은 성격'의 의미이다.

대사가 관형어로 쓰이는 경우 他的爸爸와 他爸爸처럼 的가 쓰일 수도 쓰이지 않을 수도 있다. 수량사가 관형어로 쓰이는 경우 일반적으로 구조조사 的를 쓰지 않는다. (188)에서 一个中国朋友는 일종의 수식구조인데 一个가 中国朋友를 수식하는 관형어로 쓰이고 있으며 관형어와 중심어 사이에 的가 쓰이지 않고 있다.

형용사가 관형어로 쓰인 경우 的의 사용 여부는 음절수와 관계된다. 단음절 형용사가 관형어로 쓰이는 경우 旧车(헌 차)나 新政府(새정부)처럼 일반적으로 的를 쓰지 않는다. 하지만 관형어의 속성을 특별히 강조하고 싶다면 的를 쓰기도 한다.

旧的车(오래된 차)

新的政府(새로운 정부)

小的衣服(작은 옷)

이음절 형용사가 관형어로 쓰이는 경우 漂亮的衣服(예쁜 옷)나 重要的活动(중요한 활동)처럼 일반적으로 的를 쓴다. 하지만 일부 이음절 형용사는 특정 중심어와 자주 결합하면서 둘 사이가 굳어져 관형어와 중심어 사이에 的를 쓰지 않기도 한다.

老实人(성실한 사람)
要紧事(중요한 일)
积极影响(긍정적인 영향)

的가 사용될 수도 있고 사용되지 않을 수도 있는데 的가 사용되지 않았다면 두 부분은 긴밀하게 결합해서 하나의 단어처럼 안정적인 구조를 이루며 的가 사용되었다면 두 부분은 임시적인 결합으로 두 부분의 의미적 독립성이 강하다.

동사나 술빈, 술보, 주위구조 등 용언구조가 관형어로 쓰이면 관형어와 중심어 사이에 반드시 的를 사용해야 한다.

放水果的盘子(과일을 담는 접시)
写出来的文章(써 낸 문장)
他正在看的报纸(그가 보고 있는 신문)

만약 구조조사 的를 통해 두 부분간의 관계가 수식관계임을 확실히 하지 않으면 전혀 다른 구조로 해석되거나 아예 문법적인 구조를 이루지 못하기도 한다.

*放水果盘子
写出来文章(문장을 써 내다)
他正在看报纸(그는 지금 신문을 보고 있다)

放水果的盘子는 수식구조로 '과일을 담는 접시'라는 뜻이지만 관형어와 중심어 사이의 的를 빼면 放水果盘子는 아예 문법적인 구조를 이루지 못해 말이 되지 않는다. 写出来的文章과 写出来文章, 他正在看的报纸와 他正在看报纸는 그 의미가 각기 다르다.

하지만 명동사(名动词)라고 불리는 동사와 명사의 성질을 겸하고 있는 이음절 동사는 구조조사 的없이 직접 관형어로 쓰일 수 있으며 的가 있든 없든 의미적으로 별 차이가 없다.

建设速度(건설속도)
→ 建设的速度(건설의 속도)
学习计划(학습계획)
→ 学习的计划(학습의 계획)

관형어와 중심어로 이루어진 수식구조 중에는 관형어와 중심어가 동격(同位)인 경우도 있다.

老张同志(老张 동지)
他们夫妇俩(그들 부부 두 사람)
我们中文系(우리 중문과)

이때도 관형어와 중심어 사이에는 구조조사 的가 쓰이지 않는데 만약 的가 쓰이면 의미상의 차이가 생기는 경우도 있다.

(192) 我们老师应该更加努力。
우리 선생님은 좀 더 노력해야 한다.

(193) 我们的老师一直都很努力。

우리의 선생님은 언제나 아주 노력하신다.

(192)의 我们老师에서 我们과 老师는 동격관계로 '우리'는 곧 '선생님'으로 이 말은 선생님이 한 것이다. (193)의 我们的老师에서 我们과 老师는 수식관계로 '우리'는 '선생님'의 소속을 나타내어 이 말은 학생이 한 것이다.

3) **복잡한 수식구조**: 보통 수식구조의 내부구조는 간단하지만 일부 수식구조는 관형어나 중심어가 복잡한 구조를 이루기도 한다. 우선 관형어 부분을 보면 관형어 부분이 또 하나의 수식구조일 수도 있고 관형어 부분이 병렬구조일 수도 있어 관형어가 복잡해질 수 있다.

(194) 她是一个非常漂亮的姑娘。

그녀는 아주 아름다운 아가씨이다.

(195) 她是最老实最努力的学生。

그녀는 가장 성실하고 가장 노력하는 학생이다.

(194)에서 관형어인 非常漂亮은 또 하나의 수식구조로 非常이 漂亮을 수식하고 있다. 그리고 (195)에서 관형어인 最老实와 最努力는 병렬구조로 연결되며 또 最老实와 最努力 각각은 다시 수식구조를 이루고 있다. 이를 그림으로 나타내면 다음과 같다.

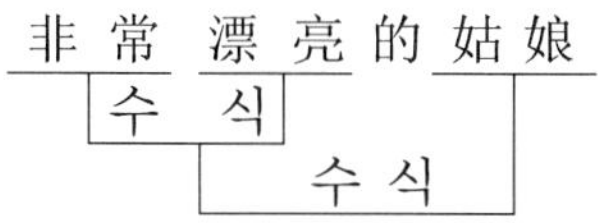

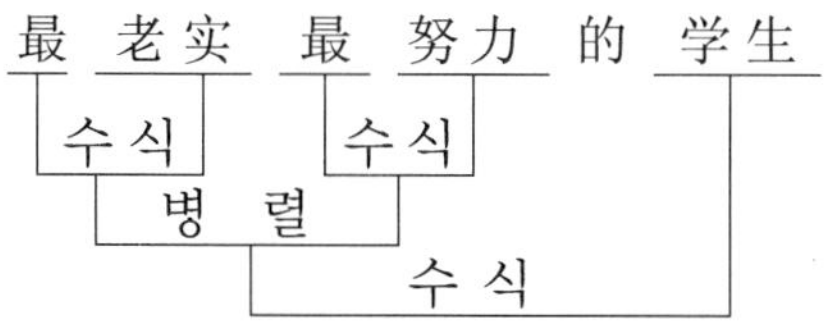

또 중심어 부분이 수식구조로 이루어져 있어 수식구조가 복잡해질 수도 있다.

(196) 他是我的老朋友。
그는 나의 오랜 친구이다

(197) 我对他的修改方案有意见。
나는 그의 수정방안에 의견이 있다.

(196)의 我的老朋友에서 중심어인 老朋友는 老가 朋友를 수식하는 수식구조이다. (197)의 他的修改方案에서 중심어인 修改方案은 修改가 方案을 수식하는 수식구조이다. 이를 그림으로 나타내면 다음과 같다.

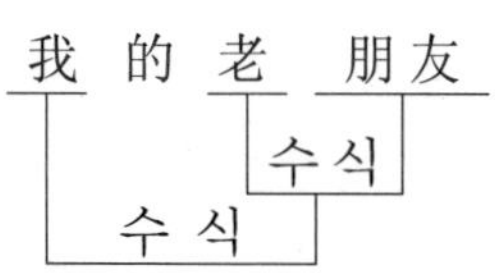

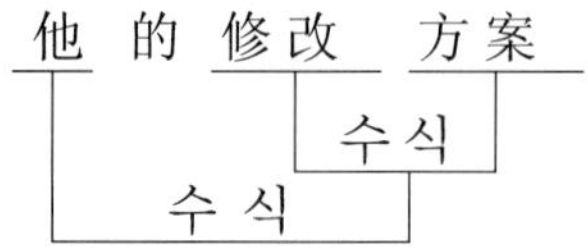

또 수식구조의 관형어와 중심어가 모두 복잡한 형태를 띠어 복합적인 수식구조를 구성하기도 한다.

(198) 他就是我们公司从北京回来的职员。

그가 바로 우리 회사의 북경에서 돌아온 직원이다.

여기서 我们公司从北京回来的职员은 우선 我们公司라는 수식어가 从北京回来的职员라는 중심어를 수식하고 있는 구조이다. 즉 관형어 자체도 하나의 수식구조이고 중심어 자체도 하나의 수식구조로 모두 복잡한 형태를 띠고 있다. 이를 그림으로 나타내면 다음과 같다.[2]

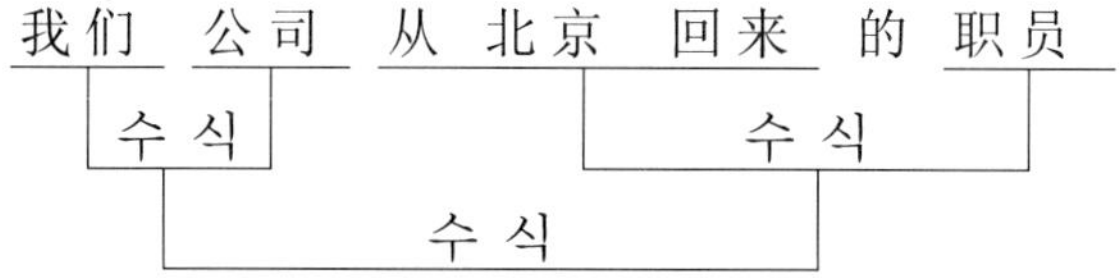

복잡한 수식구조에서 구조조사 的가 여러 개 쓰일 수도 있는데 的를 써도 되고 안 써도 되는 경우가 있다면 쓰지 않는 것이 좋다.

2) 从北京回来에 대해서 추가적인 분석도 가능하다. 从北京回来은 자체가 从北京과 回来로 이루어진 수식구조이며 从北京은 다시 从과 北京으로 이루어진 술빈구조로 분석될 수 있다.

我们的公司的从北京回来的职员
→ 我们公司从北京回来的职员

3.4.2 부사어와 중심어

1) 부사어와 중심어: 부사어는 용언성분을 수식하는 말이다. 부사어와 중심어로 이루어진 수식구조에서 부사, 형용사, 개사구 등이 주로 부사어로 쓰인다. 우선 부사는 부사어로만 쓰인다.

(199) 我们要经常保持联系。
우리 자주 연락하자.

(200) 我没有看完呢。
나는 다 보지 않았는데.

형용사가 단독으로 부사어로 쓰이기는 쉽지 않은데 일부 단음절 형용사는 부사어로 쓰이기도 한다.

快说(빨리 말하다) 轻放(가볍게 놓다)
慢走(천천히 걷다) 高举(높이 들다)

일부 이음절 형용사는 단독으로 부사어로 쓰이기도 하는데 부사어로 자주 쓰이는 이음절 형용사에는 다음과 같은 것들이 있다.

认真学习(열심히 공부하다) 积极工作(적극적으로 일하다)
仔细观察(자세히 관찰하다) 频繁往来(자주 왕래하다)

突然回来(갑자기 돌아오다)　　细心研究(세심하게 연구하다)

公开道歉(공개적으로 사과하다)　充分说明(충분히 설명하다)

彻底改变(철저하게 바꾸다)　　刻苦学习(열심히 공부하다)

형용사는 정도부사의 수식을 받거나 중첩한 후 부사어로 많이 쓰인다.

(201) 他非常得意地点了一下头。

그는 아주 만족스럽게 고개를 한번 끄덕였다.

(202) 她潇潇洒洒地试穿、购买，从不考虑衣服的价格。

그녀는 멋있게 입어보고 사는데 옷의 가격은 고려하지도 않는다.

동사도 동사 하나만 부사어로 쓰이는 경우는 많지 않고 정도부사의 수식을 받거나 술빈, 술보, 주위구조 등의 구조를 이루어 부사어로 쓰인다.

(203) 小李非常吃惊地问我。

小李는 아주 놀라서 나에게 물었다.

(204) 那个孩子没有声息地倒在地上。

그 아이는 아무 소리없이 땅에 쓰러졌다.

(205) 所有学生在操场上挨得紧紧地站着。

모든 학생이 운동장에 다닥다닥 붙어서 서 있다.

(206) 他人不知鬼不觉地溜出去了。

그는 쥐도새도 모르게 빠져나갔다.

수량사가 부사어로 쓰이는 경우는 동작의 양을 나타내는 동량사에 제한된다.

(207) 张某一脚踹开房门，偷走了房里所有值钱的东西。
장모씨는 한 발에 걷어차 방문을 열어 방안의 값나가는 모든 물건을 훔쳐갔다.

(208) 很多人一眼就看出来了。
많은 사람들이 한눈에 알아보았다.

의성사도 부사어로 쓰일 수 있다.

(209) 小孩儿的泪水哗哗地流了出来。
아이의 눈물이 줄줄 흘러나왔다.

(210) 发动机嗡嗡地开始工作了。
엔진이 웅웅거리며 움직이기 시작했다.

개사구도 자주 부사어로 쓰인다. 개사구로 이루어진 부사어는 장소, 시간, 목적, 방식 혹은 동작과 관계되는 사람이나 사물을 나타낸다.

(211) 我们在学校学习韩语。
장소: 우리는 학교에서 한국어를 배운다.

(212) 北京奥运就从下月开始。
시간: 북경 올림픽은 다음 달부터 바로 시작한다.

(213) 不管做什么事，他都比我快。
관계되는 사람, 비교: 어떤 일을 하든 그는 나보다 빠르다.

(214) 我爸把窗户关得紧紧的。

관계되는 사물, 처치: 아빠는 창문을 꼭꼭 닫아놓았다.

부사어와 중심어로 이루어진 수식구조에서 동사와 형용사나 이들이 중심이 된 용언성분이 주로 중심어로 쓰인다.

(215) 他也不知道吧。

그도 모르겠지.

(216) 早晨的空气非常地清新。

아침의 공기는 무척 깨끗하고 신선하다.

(217) 手机忽然响起来了。

핸드폰이 갑자기 울리기 시작했다.

일부 대사도 부사어의 수식을 받는 중심어로 쓰일 수 있다.

(218) 我觉得这件衣服不怎么样。

내가 생각하기에 이 옷은 별로다.

(219) 这个问题明天接着谈，今天就这样吧。

이 문제는 내일 계속 토론하고 오늘은 그냥 이렇게 하자.

수량사는 체언이지만 부사어의 수식을 받기도 한다.

(220) 我爸今年才五十。

우리 아빠는 올해 겨우 50이다.

(221) 已经十二点了，快睡吧。

벌써 12시다. 빨리 자자.

2) **구조조사** 地: 부사어와 중심어를 연결하는 구조조사 地는 상황에 따라 쓰이기도 하고 쓰이지 않기도 한다. 일단 단음절 부사가 부사어로 쓰이면 대부분 地가 쓰이지 않는다. (217)과 (218)의 不, (220)의 才등이 그렇고 이외에도 都, 就, 还, 很, 更, 再, 只, 最 등이 모두 마찬가지이다. 이음절 부사가 부사어로 쓰이는 경우 地는 쓰일 수도 있고 그렇지 않을 수도 있다. 예를 들면 (216)에서는 구조조사 地가 쓰였지만 地 없이 다음과 같이 말할 수도 있다.

(216') 早晨的空气非常清新。

아침의 공기는 무척 깨끗하고 조용하다.

또 (215)에서 부사어 忽然 뒤에는 구조조사 地가 쓰이지 않았지만 地를 넣어 다음과 같이 말할 수도 있다.

(215') 所有的观众都忽然地肃静了下来。

모든 관중이 갑자기 조용해졌다.

하지만 부사에 따라서는 절대 地를 쓰지 못하는 경우도 있다. 예를 들면 다음 부사가 부사어로 쓰일 때는 수식구조 사이에 절대 地를 쓰지 못한다.

已经　也许　马上　刚刚

正在　难道　终于　尽管

형용사가 부사어로 쓰이는 경우 단음절 형용사 뒤에는 地를 쓰지 않는다. 예를 들면 快说나 慢走를 快地说나 慢地走라고 말하지 않는다. 이음절 형용사의 경우 地를 쓰기도 해서 认真学习, 积极工作 등은 认真地学习, 积极地工作라고도 말할 수도 있다. 하지만 상당수의 이음절 형용사는 地가 있든 없든 부사어로 쓰이지 않는다. 예를 들면 다음 이음절 형용사는 地가 있든 없든 부사어로 쓰이지 않는다.

暗淡　肮脏　笨重　陈旧
充足　稠密　脆弱　恶劣

형용사구나 동사구가 부사어로 쓰일 때는 보통 구조조사 地를 쓴다.

(222) 他非常认真地听我说。
그는 아주 진지하게 내가 말하는 것을 들었다.

(223) 他们突然你死我活地打起来了。
그들은 갑자기 너 죽고 나 살자고 싸우기 시작했다.

그 외 수량사가 부사어로 쓰일 때는 구조조사 地를 쓰지 않으며 개사구가 부사어로 쓰일 때도 구조조사 地를 쓰지 않는다.

3) **복잡한 수식구조**: 관형어의 경우처럼 부사어와 중심어로 이루어진 수식구조도 내부구조는 대개 간단하지만 일부 수식구조는 부사어나 중심어가 복잡한 구조를 이루기도 한다. 우선 부사어 부분을 보면 부사어 부분이 또 하나의 수식구조일 수도 있고, 부사어 부분이 병렬구조일 수도 있다.

(224) 他很潇洒地打了一个招呼就走开了。

그는 아주 멋지게 손 인사를 한번 하고는 가버렸다.

(225) 用鼻子慢慢地、深深地吸气，再用嘴吐出来。

코로 천천히, 깊게 공기를 들이마셨다가 입으로 뱉어낸다.

(224)에서 부사어인 很潇洒 자체는 다시 부사어인 很과 중심어인 潇洒로 이루어져 있어 결국 부사어 부분이 또 하나의 수식구조가 된다. (225)에서 부사어인 慢慢地、深深地는 병렬구조를 이루어 吸气를 수식하고 있다. 이를 그림으로 나타내면 다음과 같다.

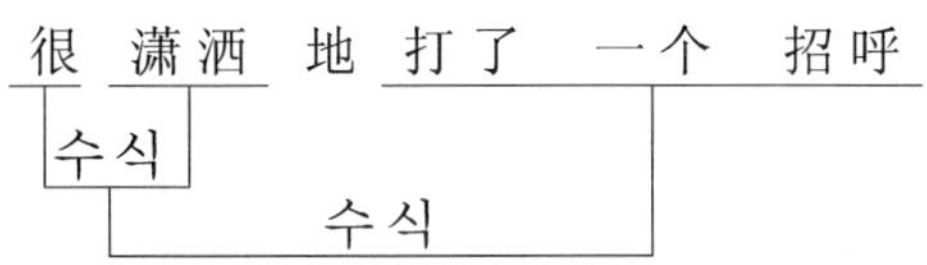

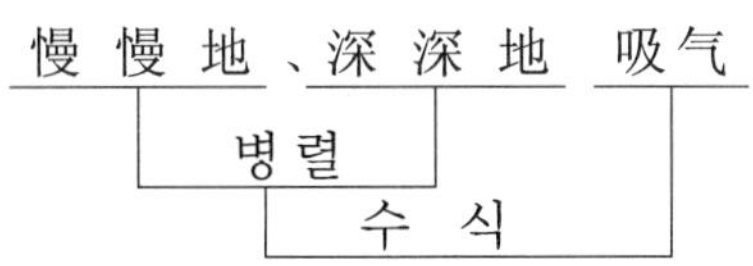

또 중심어 부분이 수식구조로 이루어질 수도 있다.

(226) 你再仔细地校对一下吧。

너 다시 자세하게 교정을 해 봐라.

(227) 我今天身体很不舒服。

내가 오늘 몸이 아주 좋지 않다.

(226)에서 再는 仔细地校对라는 중심어를 수식하는데 仔细地校对 자체는 다시 부사어(仔细)와 중심어(校对)의 수식구조로 이루어져 있다. (227)에서 很은 不舒服라는 중심어를 수식하고 있는데 不舒服 자체는 다시 부사어(不)와 중심어(舒服)의 수식구조로 이루어져 있다. 이를 그림으로 나타내면 다음과 같다.

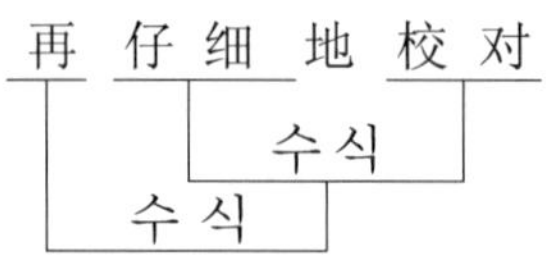

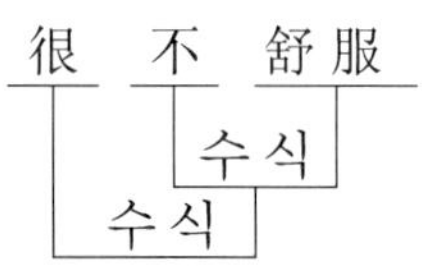

또 수식구조의 부사어와 중심어가 모두 복잡한 형태를 띠어 복합적인 수식구조를 구성하기도 한다.

(228) 我对他的表现很不满意。
나는 그의 성적에 대해 아주 불만이다.

이 문장에서 위어인 对他的表现很不满意 전체는 하나의 수식구조로 对他的表现이 부사어로 很不满意를 수식하고 있다. 그리고 对他的表现은 술빈구조로 개사 对가 他的表现이라는 빈어와 결합하고 있으며 他的表现은 다시 관형어와 중심어로 이루어진 수식구조이다. 한편 很不满意는 부사어 很이 不满意를 수식하는 수식구조이며 不满意는 다시 부사어 不가 满意를 수식하는 수식구조이다. 이를 그림으로 나타내면 다음과 같다.

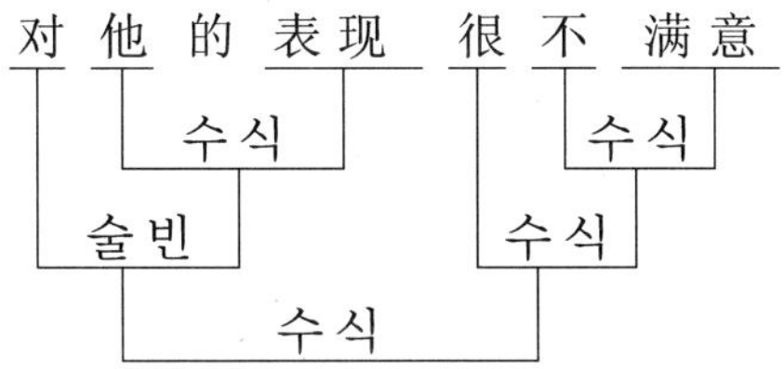

4 문장의 구조와 분류

언어는 의사소통의 도구이고 사람들은 의사소통을 할 때 한 문장 한 문장씩 말을 한다. 따라서 문장이란 완전한 의사를 전달하는 최소 단위라고 말할 수 있다. 보통 문장의 앞, 뒤로는 비교적 긴 휴지가 있고 글로 쓸 때는 마침표, 물음표, 감탄표 등의 문장부호로 문장의 경계를 나타난다.

문장은 보통 '주어-위어'의 구조로 이루어지며 한 문장에 '주어-위어' 관계가 한 번만 나타나느냐 혹은 두 번 이상 나타나느냐에 따라 단문(单句)과 복문(复句)으로 나눌 수 있다. 또 문장은 서법에 따라 서술문, 의문문, 감탄문, 청유문 등으로 나눌 수도 있고 위어의 성격에 따라 동사위어문, 형용사위어문, 명사위어문, 주위위어문 등으로 나누기도 한다.

4.1 문장의 구조

4.1.1 문장의 구조

문장은 문법단위 중에서 가장 큰 단위이지만 의사소통의 각도에서 보면 최소 단위이다. 즉 우리는 한 단어나, 구 단위로 말할 수 없으며 최소한 하나의 문장을 단위로 의사소통을 한다. 구조적으로 문장은 주어와 위어 두 부분으로 이루어진다.

(1) 他的个子 / 非常高。

그의 키는 아주 크다.

(2) 您 / 就是张老师吧?

당신이 바로 장선생님이죠?

(3) 我 / 已经来过好几次了!

나는 벌써 여러 번 왔었다구!

원래는 주어와 위어 두 부분을 갖추고 있었더라도 실제 발화시 주어가 명확해서 굳이 말할 필요 없거나 앞이나 뒤에 나오기 때문에 주어를 알 수 있는 경우 주어가 생략되기도 한다.

(4) A: 你到底买到了火车票没有?

너 도대체 기차표를 샀니 사지 못했니?

B: 已经买到了。

(나) 벌써 샀어.

(5) 又来了? 你不是刚来过嘛。

(너) 또 왔어? 너 방금 왔었잖아.

주어가 명확하거나 앞뒤 상황에 비추어 알 수 있는데도 주어를 반복적으로 쓰면 문장이 어색해지기도 한다.

(6) <u>我</u>回到家, <u>我</u>看了一会儿电视, <u>我</u>就开始做饭。

나는 집에 돌아갔고 나는 TV를 잠깐 봤고 나는 밥을 하기 시작했다.

(7) 因为我刚找到工作，我比较忙，我没有机会跟你联系。
내가 막 일을 찾았기 때문에 내가 좀 바빠서 내가 너에게 연락할 기회가 없었다.

주어가 명확하거나 앞뒤 상황에 비추어 알 수 있는데도 의도적으로 주어를 반복적으로 쓰면 강조의 뜻을 나타나기도 한다.

(8) 我们要了解别人，我们还要了解我们自己。
우리는 다른 사람을 이해해야 하고 우리는 또 우리 자신도 이해해야 한다.

(9) 你们要坚强，你们要相信你们自己。
너희들은 강해야 하고 너희들은 너희들 자신을 믿어야 한다.

간혹 문장이 주어와 위어 두 부분으로 이루어지지 않는 경우도 있다.

(10) 下雨了。
비가 왔다.

(11) 来了一个客人。
손님 한명이 왔다.

이런 문장의 경우 생략된 주어가 무엇인지 알 수도 없어 주어가 생략되었다고 말하기 힘들다. 또 주어가 생략된 문장은 앞뒤 상황에 비추어야만 문장의 완전한 의미를 알 수 있는데 반해 이 경우 앞뒤 상황에 비추지 않아도 완전한 의미를 나타낸다. 따라서 이런 문장은 원래 주어와 위어 두 부분으로 이루어지지 않은 것으로 보인다. 이런 문장은 주어와 위어를 갖추고 있지 않다고 해서 비주위문(非主谓句)라고 하고 이에 대응되는, 주어와 위어를 갖춘 일반적인 문장을 주위문(主谓句)라고 부르기도 한다.

4.1.2 문장의 분석

문장을 분석하는데는 보통 층위분석법과 중심어분석법의 두 가지 방법이 사용된다.

1) **층위분석법**(层次分析法): 문장에는 단어들이 단순히 일렬로 배열된 듯 보이지만 이어지는 단어들 간에는 친소(親疎)관계에 차이가 있다. 예를 들어 이어지는 B와 C라는 단어가 있다면 이 두 단어는 직접적인 관계가 없고 B는 우선 A와 어떤 관계를 맺고 AB전체가 C와 다시 관계를 맺을 수도 있다. 따라서 ABC를 분석할 때도 한번에 A와 B, C 세 부분으로 나누는 것이 아니라 두 번에 나누어서 우선 AB와 C 두 부분으로 나누고 AB를 다시 A와 B 두 부분으로 나누는 것이 정확하다. 이를 그림으로 나타내면 다음과 같다.

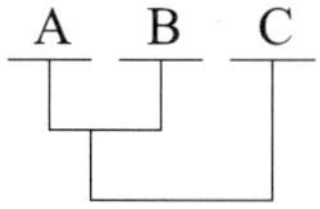

문장은 보통 주어와 위어 두 부분으로 나누어지고 따라서 층위분석법에 따른 문장의 분석은 우선 문장을 주어와 위어 두 부분으로 나누는데서 시작된다.

(12) 他 / 来了。

주 위

그가 왔다.

(12)과 같이 문장의 구조가 간단한 경우 문장을 주어인 他와 위어인 来了 두 부분으로 나눔으로써 문장의 분석이 끝난다. 하지만 대부분의 경우 주어나 위어에 대해 추가적인 분석이 가능하다. 우선 주어 부분이 단어 하나로 이루어지지 않은 경우가 있을 수도 있다. 주어는 수식구조인 경우가 많다.

(13) 他 的 到来 / 使我非常吃惊。

수 식

그가 왔다는 것이 나를 아주 놀라게 만들었다.

(14) 太 多 / 不行，太 少 / 也不行。

수 식 수 식

너무 많아도 안되고 너무 적어도 안된다.

주어가 술빈구조나 주위구조 등 다른 구조일 수도 있다.

(15) 学 汉语 / 不容易。

술 빈

중국어를 배우는 것은 쉽지 않다.

(16) 他 去 / 应该更好。

주 위

그가 가는 것이 더 좋다.

이렇듯 주어가 어떤 구조로 이루어져 있든 일단 문장을 주어와 위어 부분으로 나눈 뒤 주어 부분의 구조에 대해 수식구조, 술빈구조, 주위구조라는 식으로 분석이 가능하다.

위어는 주어에 비해 구조는 더 복잡하고 종류는 더 다양하다. 위어는 수식어와 피수식어로 이루어진 수식구조인 경우가 많다.

(13') 他的到来 / 使我 非常吃惊。
수 식
그가 왔다는 것이 나를 아주 놀라게 만들었다.

(17) 苏珊 / 蓝 眼睛，黄 头发。
수 식 수 식
수잔은 파란 눈에 금발 머리이다.

타동사와 그 빈어로 이루어진 술빈구조나 술어와 보어로 이루어진 술보구조도 자주 위어로 쓰인다.

(18) 他们 / 看了 一部电影。
술 빈
그들은 영화 한편을 보았다.

(19) 天气 / 暖和 起来了。
술 보
날씨가 따뜻해진다.

그 외 문장의 기본구조인 주위구조 자체도 위어로 쓰일 수 있다.

(20) 他 / 鼻子 高。

주 위

그는 코가 높다.

(21) 我 / 肚子 疼。

주 위

나는 배가 아프다.

여기까지 주어와 위어를 분석해도 일부 더 분석이 가능한 경우가 있다. 예를 들면 (13)의 위어 使我非常吃惊은 개사구인 使我[1]가 非常吃惊이라는 중심어를 수식하고 있는데 이 중심어는 다시 非常라는 부사어가 吃惊이라는 중심어를 수식하고 있는 구조이다. (13)를 여기까지 분석하고 나면 더 이상 분석할 수 없어지며 분석이 끝나게 된다. 물론 非常과 같은 단어는 非와 常이라는 두 개의 형태소로 분석할 수도 있으나 문장분석에서는 보통 단어 수준까지 분석한다. 이를 그림으로 나타내면 다음과 같다.

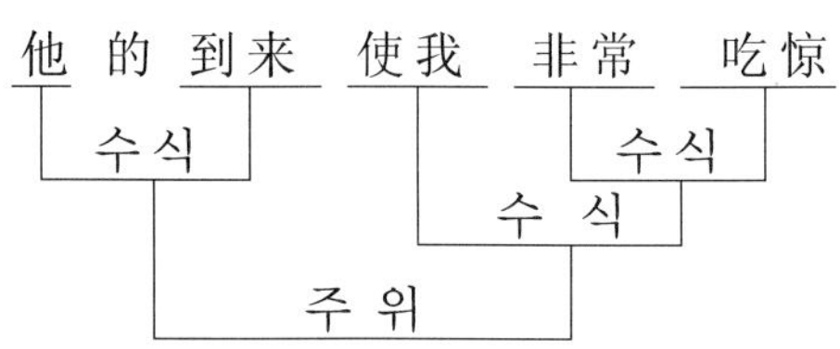

이런 방법으로 다음 예문을 다시 분석해 보자.

1) 여기서는 使를 개사로 보고 위어부분을 수식구조로 분석했으나 使를 동사로 본다면 연동문이나 겸어문으로 분석이 가능할 수도 있다. 그리고 使我라는 개사구는 개사와 개사의 빈어로 이루어지므로 술빈관계로 추가적인 분석이 가능하다.

(22) 我们班同学非常喜欢郭老师。

우리반 학생들은 곽선생님을 아주 좋아한다.

① 이 문장은 우선 주어인 我们班同学와 위어인 非常喜欢郭老师 두 부분으로 나뉜다. 하지만 주어와 위어 각 부분에 대해 추가적인 분석이 가능하다.

② 주어인 我们班同学는 다시 我们班과 同学로 분석이 가능한데 두 부분은 관형어와 중심어로 이루어진 수식구조이다.

③ 그리고 관형어인 我们班은 다시 我们과 班으로 분석이 가능한데 두 부분은 역시 관형어와 중심어로 이루어진 수식구조이다.

④ 한편 위어인 非常喜欢郭老师는 非常과 喜欢郭老师로 분석이 가능한데 두 부분은 부사어와 중심어로 이루어진 수식구조이다.

⑤ 중심어인 喜欢郭老师는 喜欢과 郭老师로 분석이 가능한데 두 부분은 술어와 빈어로 이루어진 술빈구조이다.

⑥ 빈어인 郭老师는 다시 郭와 老师로 분석이 가능하고 두 부분은 관형어와 중심어로 이루어진 수식구조이다.

위의 분석을 그림으로 나타내면 다음과 같다.

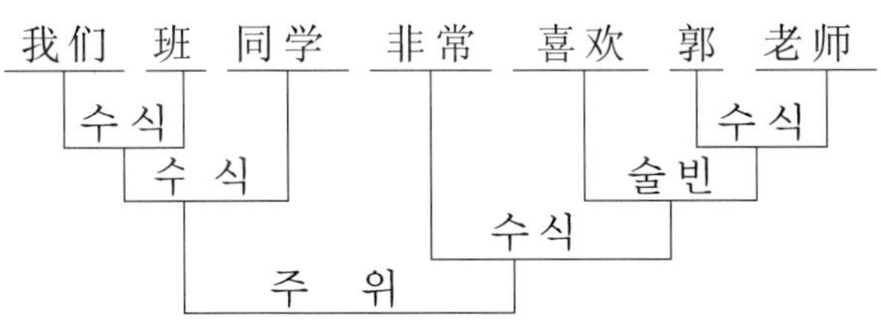

이렇듯 문장을 우선 두 부분으로 나누고 나눠진 두 부분간의 문법적인 관계를 밝히고 나눠진 각 부분을 다시 두 부분으로 나누고 두 부분간의 문법적인 관계를 밝히는 방법으로 문장을 분석할 수 있다. 이렇게 문장을 분석하면 문장의 분석은 단번에 이루어지는 것이 아니라 한 번씩 한 번씩 차례로 진행되는데 이런 분석법을 '층위분석법(层次分析法)'이라고 한다.

2) 중심어 분석법(中心词分析法): 한 문장내의 각 성분은 구조적으로, 의미적으로 서로 관계를 맺고 있으며 문장 내에서 각 성분들 간의 구조적, 의미적 관계가 바로 주어, 위어, 빈어, 보어, 관형어, 부사어 등의 문장성분이다. 이들 문장성분 중 일부는 문장구성에 있어서 꼭 필요한 부분으로 모든 문장에 나타나기도 하지만 일부는 문장구성에 꼭 필요한 것은 아니어서 나타나기도, 나타나지 않기도 한다. 이런 각도에서 문장을 분석할 때 우선 주어, 술어[2], 빈어와 같은 중심성분을 찾아내고 문장의 나머지 부분들은 주어나 술어, 빈어의 일부로 분석하는 방법을 '중심어 분석법(中心词分析法)'이라고 한다.

대개 문장은 주어와 위어 두 부분으로 이루어지고 술어의 성격에 따라 빈어가 필요한 경우도 있고 그렇지 않은 경우도 있다. 따라서 중심어 분석법에서는 술어의 성격에 따라 우선 주어나 빈어를 찾아내고 다른 성분들은 주어, 술어, 빈어의 일부로 분석한다. 위에서 층위분석법으로 분

2) 위어(谓语)와 술어(述语)는 의미상으로는 거의 비슷하지만 구분이 필요하다. 위어는 문장을 두 부분으로 나누었을 때 주어 부분을 제외한 나머지 부분으로 위어는 다시 술어와 빈어, 보어, 수식어 등을 포함한다. 그러므로 위어는 술어보다 상위개념으로 층위분석법에서는 위어와 술어의 구분이 필요하다. 하지만 중심어 분석법에서는 우선 문장을 주어와 위어 두 부분으로 나누는 것이 아니라 직접 문장의 중심성분을 찾아내는 것이기 때문에 위어와 술어의 구분이 필요하지 않다. 따라서 중심어분석시에는 위어와 술어를 구분하지 않고 술어라는 용어만을 사용한다.

석했던 예(22)를 다시 보면 문장의 술어는 喜欢이고 이 술어는 타동사로 빈어가 필요하므로 이 문장에서 찾아내야 할 중심성분은 주어와 빈어이다.

(22') 我们班同学非常喜欢郭老师。
주어 술어 빈어

여기서는 同学가 주어이고 喜欢이 술어, 老师가 빈어이므로 문장의 구성에 꼭 필요한 부분들만 남겨 놓으면 '同学喜欢老师(학생들이 선생님을 좋아하다)'가 된다. 그리고 我们班은 同学를 수식하는 관형어로서 주어의 일부이고, 非常은 喜欢을 수식하는 부사어로서 술어의 일부이며, 郭는 老师를 수식하는 관형어로 빈어의 일부이다. 빈어가 없는 다른 예를 살펴보자.

(23) 这个姑娘很漂亮。
주어 술어
이 아가씨는 아주 예쁘다.

여기서는 姑娘이 주어이고 漂亮이 술어이고 빈어는 없으므로 문장의 구성에 꼭 필요한 부부만 남겨놓으면 '姑娘漂亮(아가씨가 예쁘다)'가 된다. 그리고 这个는 姑娘을 수식하는 관형어이고, 很은 漂亮을 수식하는 부사어이다.

층위분석법에서는 문장을 두 부분으로 나누고 두 부분간의 문법관계를 밝히고 나누어진 각 부분을 다시 두 부분으로 나누고 이들 간의 문법관계를 밝히는 식의 분석을 차례대로 여러 번 진행했다. 따라서 주어, 위어, 술어, 빈어, 보어, 관형어, 부사어, 중심어 등 모두 8개의 문장성분을 필요로 했다.

하지만 중심어분석법에서 관형어의 수식을 받는 말은 주어나 빈어이고 부사어의 수식을 받는 말은 술어이기 때문에 중심어라는 문장성분이 필요하지 않다. 또 문장을 단번에 몇 개의 중심성분과 이에 부속되는 성분들로 나누기 때문에 위어와 술어의 구분도 필요하지 않다. 그래서 중심어분석법에서는 주어, 술어, 빈어, 보어, 관형어, 부사어 등 6개의 문장성분만으로 문장을 분석하게 된다.

중심어분석법은 이렇듯 문장의 각 부분들 간의 문법관계가 아닌 문장성분을 중심으로 문장을 분석하기 때문에 '문장성분분석법(句子成分分析法)'이라고도 한다.

3) **문장의 분석**: 두 가지 분석법을 비교해 보면 전체적으로 층위분석법이 더 정확하고 체계적이기는 하지만 다소 복잡하기 때문에 중국어교육에 있어서는 중심어분석법이 더 접근하기 쉽다.[3)] 특히 외국인으로서 중국어문장을 분석할 때 우선 술어, 주어, 빈어를 찾아내 이들을 중심으로 다른 성분들을 정리하면 비교적 쉽게 구조와 의미를 이해할 수 있다. 다음 예문을 보자.

(24) 造成这一畸形市场的一部分原因是政府部门的硬性规定。
이 기형적인 시장을 만들어낸 일부 원인은 정부부처의 경직된 규정이다.

---

3) 이 책에서는 기본적으로 층위분석법으로 문법구조를 분석하고 있다.

(25) 公务员还能享受很多其他社会成员享受不到的特殊照顾。

공무원은 또 많은 다른 사회구성원이 누릴 수 없는 특별한 혜택을 누린다.

(24)와 (25)는 모두 다소 복잡한 서면어 문장인데 이런 문장을 분석하는 데 있어서 우선 술어를 찾아내고 술어에 대응하는 주어와 빈어를 찾아내면 문장을 비교적 쉽게 이해할 수 있다.

(24)에서 술어는 是이고 이 술어는 타동사로 주어 외에 빈어도 필요로 한다. 여기서 주어는 原因, 빈어는 规定이다. 따라서 문장의 가장 기본적인 골격은 '原因是规定(원인은 규정이다)'이다. 그리고 造成这一畸形市场的一部分은 주어인 原因을 수식하는 말이고 政府部门的硬性은 빈어인 规定을 수식하는 말이다.

(25)에서 술어는 享受이고 이 술어도 역시 타동사로 주어 외에 빈어도 필요로 한다. 여기서 주어는 公务员이고 빈어는 照顾이며 문장의 가장 기본적인 골격은 '公务员享受照顾(공무원이 혜택을 누리다)'이다. 그리 很多其他社会成员享受不到的特殊는 빈어를 수식하는 말이다.

하지만 문장에 따라서 주어, 술어, 빈어 등의 중심성분을 찾아내기 쉽지 않거나 혹은 중심성분을 찾아내는 것만으로 문장의 구조와 의미를 제대로 이해하기 어려운 경우도 있다.

(26) 我们必须不断深化改革开放。

*우리는 반드시 끊임없이 심화해 개혁개방해야 한다.

(27) 公交优先符合提高交通资源利用效率的要求。

*대중교통우선은 교통자원 이용효율 요구를 향상시키는데

부합한다.

(26)과 (27)의 해석부분은 오역의 실례인데 오역이 나오게 된 주된 원인은 바로 중심성분을 제대로 찾아내지 못했거나 혹은 중심성분을 찾아냈어도 나머지 부분에 대한 분석이 제대로 이루어지지 않았기 때문이다.

우선 (26)에서는 深化와 改革开放을 모두 술어로 분석해 '심화하고 개혁개방하다'라고 해석했으나 深化改革开放은 술빈구조로 深化는 술어이고 改革开放은 이 술어의 빈어로 '개혁개방을 심화하다'로 해석해야 한다. (27)에서는 符合를 술어로 提高交通资源利用效率的要求 전체를 빈어로 해석했으나 提高交通资源利用效率는 要求를 수식하는 말로 '교통자원이용효율을 높이는 요구'로 해석해야 한다. 따라서 정확한 해석은 다음과 같다.

(26') 우리는 반드시 끊임없이 개혁개방을 심화해야 한다.
(27') 대중교통우선은 교통자원 이용효율을 높이자는 요구에 부합한다.

이런 차이는 층위분석법을 통한 분석에서 더 확실하게 드러난다.

따라서 실제 문장을 분석하는데 있어서 분석의 목적이나 문장의 난이도에 따라 두 가지 분석법을 적절하게 사용할 필요가 있다.

4.2 문장의 분류

4.2.1 기능에 따른 분류

사람은 문장을 단위로 말을 하고 사람이 말을 하는 것은 의사소통을 하기 위해서이다. 따라서 문장은 의사소통에서 어떤 기능을 하느냐에 따라 분류가 가능하고 이런 각도에서 보면 문장은 서술문, 의문문, 청유문, 감탄문 등으로 나눌 수 있다. 중국어에서 문장의 기능은 어기조사의 사용과 밀접하게 관련되어 있다.

1) **서술문**(陈述句): 단순히 어떤 사실을 서술한다.

(28) 他们坐飞机去上海了。
그들은 비행기를 타고 상해로 갔다.
(29) 校园里人非常多。
학교 캠퍼스에 사람이 아주 많다.
(30) 这本书才二十块钱。
이 책은 겨우 20원이다.

서술문에는 了, 呢, 啊, 嘛 등의 어기조사가 자주 사용된다. (28)은 어기조사 了가 사용된 예이고 다음은 다른 어기조사가 사용된 서술문의 예이다.

(31) 他们正在吃饭呢。
그들은 밥을 먹고 있다.

(32) 下雨了，竹笋才长得好啊。

비가 와야 죽순이 잘 자라잖아.

(33) 太意外了，明显不正常嘛。

너무 의외군, 분명히 정상이 아니잖아.

2) **의문문**(疑问句): 상대방에게 문제를 제기하고 대답을 구한다. 의문문에는 판정의문문, 의문사의문문, 선택의문문, 정반의문문 등이 있다. 의문문에는 吗, 吧, 呢, 啊 등의 어기조사가 사용된다.

(34) 看起来容易，练起来也不容易吧？

보기에는 쉬운데 연습해보니 쉽지 않지?

(35) 中国男篮复苏的主要原因是什么呢？

중국 남자 농구가 되살아난 주요 원인은 무엇인가?

(36) 你要住宾馆呢还是要住我这儿呢?

너 호텔에서 잘거니 아니면 우리 여기서 잘거니?

(37) 校园里的人多不多?

학교 캠퍼스에 사람이 많아, 많지 않아?

한편 어떤 문장은 의문문의 형태를 띠지만 의문의 뜻을 나타내지 않고 긍정이나 부정의 뜻을 강조하는데 쓰이기도 하며 이런 문장을 반문문(反问句)이라고 한다.

(38) 我不是去出差吗?

나는 출장간게 아니겠니?

(39) 大家都这么忙，谁想去出差啊?

모두들 이렇게 바쁜데 누가 출장가고 싶겠는가?

3) **청유문**(祈使句): 상대방에게 어떤 일을 해주도록 혹은 하지 말도록 부탁하거나 명령한다. 따라서 청유문에는 대개 구체적인 동작의 의미를 나타내는 동사가 쓰인다. 또 청유는 무엇을 해달라는 긍정의 청유일 수도 있고 무엇을 하지 말아달라는 부정의 청유일 수도 있다.

(40) 叫他赶紧过来。

그에게 빨리 오도록 해라.

(41) 不要光想你自己的立场。

네 자신의 입장만 생각하지 말아라.

청유문에는 문장의 맨 앞에 请이나 동사의 중첩형을 써서 부탁이나 권유를 부드럽게 하는 것이 보통이다.

(42) 请你帮我想想办法。

내 대신 방법을 좀 생각해 주세요.

(43) 大家看看第八页第五行。

모두들 8페이지 5째 줄을 보세요.

청유문에는 어기조사 吧, 啊나 了도 많이 쓰이는데 이들도 명령이나 권유를 좀 더 부드럽게 만든다.

(44) 今天先吃顿好饭，明天再想想吧。

오늘은 우선 밥이나 한 끼 잘 먹고 내일 다시 생각하자.

(45) 过马路要小心啊。

길을 건널 때는 조심해야지.

(46) 可别粗心大意了。

방심하지 말아라.

간혹 청유문에 형용사가 쓰이는 경우도 있는데 이때는 형용사 뒤에 一点儿이 많이 쓰인다.

(47) 声音还是不够大，再大一点儿。

소리가 아직도 충분하지 않으니 좀 더 크게 해라.

(48) 安静点儿，你们到底怎么了？

조용히 좀 해라, 너희들 도대체 어떻게 된거니?

4) **감탄문**(感叹句): 대부분의 문장은 누군가와의 의사소통을 위한 것이지만 감탄문은 말하는 이가 자신의 감정, 생각을 표현하는 데만 초점이 맞춰진 문장이다. 감탄문에는 어기조사 啊와 了가 자주 사용된다.

(49) 多温馨、多动人的场面啊！

얼마나 따뜻하고 감동적인 장면인가!

(50) 这里的夜景实在太漂亮了!

이곳의 야경은 정말 너무 예쁘구나!

간혹 어기조사 吧가 사용되기도 한다.

(51) 这就是城市里的生活吧!

이게 바로 도시 속에서의 생활이지!

(52) 让我痛苦吧 !

나를 괴롭게 놔두라!

4.2.2 구조에 따른 분류

위에서 문장은 주어와 위어 두 부분으로 이루어진다고 했는데 단일한 '주어-위어' 구조로 이루어진 문장을 단문(单句)이라고 하고 의미적으로 밀접하게 연관된 몇 개의 '주어-위어' 구조로 이루어진 문장을 복문(复句)이라고 한다.

단문은 위어의 성격에 따라 동사위어문, 형용사위어문, 명사위어문, 주위위어문 등으로 나눌 수도 있다. 동사위어문(动词谓语句)이란 동사가 위어로 쓰이는 문장이다. 하지만 동사 하나가 위어로 쓰이는 경우는 많지 않고 동사가 중심이 되는 술빈, 술보, 수식구조 등이 위어로 쓰이는 경우가 많다.

(53) 这个假期我想去昆明。

이번 휴가에 나는 곤명에 갈 생각이다.

(54) 这么多东西我一个人吃不完。

이렇게 많은 음식은 나는 혼자 다 먹을 수 없다.

(55) 我们都非常支持他的建议。

우리는 모두 그의 건의를 아주 지지한다.

형용사위어문(形容词谓语句)은 형용사나 형용사가 중심이 되는 수식구조, 술보구조 등이 위어로 쓰이는 문장이다.

(56) 云南山水确实<u>很漂亮</u>。
운남의 산수는 정말 아주 아름답다.

(57) 他这本书<u>厚得很</u>。
그의 이 책은 아주 두껍다.

명사위어문(名词谓语句)은 명사나 명사가 중심이 되는 수식구조, 수량사 등이 위어로 쓰이는 문장이다.

(58) 她<u>云南人</u>。
그녀는 운남사람이다.

(59) 今年他才<u>二十岁</u>。
올해 그는 겨우 스물이다.

주위위어문(主谓谓语句)은 주위구조 자체가 위어로 쓰이는 문장이다.

(60) 新任经理<u>年纪不大</u>。
신임 과장은 나이가 많지 않다.

(61) 云南<u>风景秀丽</u>。
운남은 풍경이 수려하다.

복문 내부의 각 '주어-위어' 구조를 절(分句)이라고 하며 절과 절 간에는 짧은 휴지가 있으며 글로 쓸 때 절 사이에는 보통 쉼표가 놓인다.

(62) 广场不是很大，但是风景倒不错。

광장은 그리 크지 않지만 풍경은 나쁘지 않다.

(63) 不管最终结论如何，民众的知情权总算得到了满足。

최종적인 결론이 어떻든 민중의 알권리는 결국 만족되었다.

복문은 의미적으로 연관된 몇 개의 작은 문장이 이어진 것이므로 절들의 주어가 같은 경우 자주 생략된다.

(64) 两人年纪相仿，不但经常下棋聊天，还偶尔出去喝茶。

두 사람의 나이는 비슷해서 종종 바둑을 두고 한담을 할 뿐 아니라 가끔 나가서 차를 마시기도 한다.

(65) 我们完全融入了这里的生活，感受到了家的温暖，进而产生了归属感。

우리는 이곳의 생활에 완전히 녹아들어 집과 같은 따듯함을 느꼈고 나아가 귀속감까지 생겼다.

(64)와 (65)에서 복문의 첫 번째 절에서는 주어인 两人과 我们이 쓰였지만 두 번째 절부터는 주어를 생략하고 있다.

복문은 절간의 의미적인 관계에 따라 연합복문(联合复句)과 수식복문(偏正复句)으로 나눌 수 있다. 연합복문은 절 간의 지위가 평등해서 경중(輕重)과 주종(主從)의 구분이 없는 경우이고 수식복문은 절 간의 지위가 평등하지 않아서 절 간에 경, 중이나 주, 종의 구분이 있는 경우이다.

1) 연합복문(联合复句)

연합복문은 절 간의 의미관계에 따라 다시 다음과 같이 나눌 수 있다.

① 병렬: 복문의 각 절이 관련되는 몇 개의 사건이나 한 가지 사물의 여러 면을 나타낸다.

(66) 他在学校是好老师，在家里是好父亲好丈夫。
그는 학교에서는 좋은 선생님이고, 집에서는 좋은 아버지이자 좋은 남편이다.

(67) 世界上中国的人口最多，经济发展也最快。
세계에서 중국의 인구가 가장 많고 경제 발전도 가장 빠르다.

또 한 가지 사건이나 사물에 대해 우선 전체적으로 설명하고 나누어 설명하거나 우선 나누어 설명하고 나중에 전체적으로 설명하기도 한다.

(68) 教室里的学生各做各的；有的念课文，有的背单词，有的写汉字。
교실의 학생은 각자 자기 일을 하는데 어떤 학생은 본문을 읽고 어떤 학생은 단어를 외우고 어떤 학생은 한자를 쓴다.

(69) 上百处浸街，上千辆车被淹，地铁进水，飞机停飞，三场暴雨让广州手忙脚乱。
백 곳이 넘는 거리가 물에 잠기고 천 대가 넘는 차량이 침수되고 지하철이 물에 잠기고 항공편이 취소되고, 세 차례 폭우는 광주시의 정신을 빼놓았다.

이어지는 몇 개의 사건을 순서대로 나타내기도 한다.

(70) 他刚从办公室回来，马上又出去了。
그는 방금 사무실에서 돌아오더니 또 금세 다시 나갔다.

(71) 小明听了这个消息，什么都不说，就出去了。
小明은 이 소식을 듣고 아무 말도 하지 않고 나가버렸다.

② 선택: 복문의 각 절이 몇 개의 사건이나 사물을 제시하고 이들 중 하나를 선택한다. 복문 내 절은 还是, 或者, 要么, 不是…就是…등으로 연결된다.

(72) 明天我们自己过去还是让他们过来?
내일 우리 직접 갈까 아니면 그네들에게 오도록 할까?

(73) 或者去看电影，或者去爬山，我都可以。
가서 영화를 보든 혹은 산을 타든 나는 다 좋다.

(74) 那里的工人想增加收入，要么长期加班，要么另找工作。
그곳의 노동자들이 수입을 증가시키려면 오랫동안 초과근무를 하던지 다른 직업을 찾아야 한다.

(75) 他不是生病，就是睡懒觉，经常不来上课。
그는 아프지 않으면 늦잠을 자서 자주 수업에 오지 않는다.

③ 점진: 복문의 한 절이 다른 절보다 더 어떻다는 의미를 나타낸다. 보통 앞 절에는 不但, 不仅 등이 뒤 절에는 还, 也, 更, 而且, 并且 등이 사용된다.

(76) 我们学校的教学质量不但位居全市之首，更达到了国家先进水平。

우리 학교 교육수준은 시에서 최고일 뿐 아니라 전국에서도 수준권에 도달했다.

(77) 这款车不仅功能非常实用，而且外观简约时尚。

이 자동차는 기능적으로 아주 실용적일 뿐 아니라 외관도 간결하고 세련되었다.

복문이 나타내는 점진의 의미가 한 번에서 끝나는 것이 아니라 한 번 더 이어질 수도 있다.

(78) 关闭工厂，不仅拖延了工业生产，也导致产量的减少进而影响出口。

공장의 폐쇄는 생산을 지연시켰을 뿐 아니라 생산량의 감소를 초래했고 나아가서 수출에 영향을 끼쳤다.

(79) 吃零食不但对身体无益，且容易发胖，更何况三餐不定时，容易出毛病。

군것질은 몸에 도움이 되지도 않고 살이 찌기도 쉬우며 더구나 세끼가 불규칙하면 문제가 생기기 쉽다.

2) 수식복문(偏正复句)

수식복문은 절 간의 지위가 평등하지 않아서 절간에 주종의 구분이 있는 경우인데 핵심적인 의미를 전달하는 절을 주절(主句), 부가적인 의미를 전달하는 절을 종속절(从句)이라고 한다. 수식복문은 절간의 의미관계에 따라 다음과 같이 나눌 수 있다.

① 역접: 주절과 종속절의 의미가 정반대이다. 보통 但是, 可是, 不过, 然而, 却 등으로 연결된다.

(80) 温州的民营企业一向活跃，但是今年都面临着很大的压力。
温州의 민간기업은 줄곧 활발했지만 올해는 큰 압력에 직면했다.

(81) 大多数职业培训属于非学历教育，学生只能获得职业技能，却没有学历证书。
대다수의 직업훈련반은 비정규교육에 속해 학생은 직업기술만 습득할 수 있을 뿐 학력은 없다.

종속절에 虽然, 尽管, 固然, 就是, 即使 등으로 양보를 나타내고 주절에서 반대의 의미를 말하는 경우도 있다.

(82) 虽然我认识他三年多了，却一次都没有去过他家，也不知道他住哪儿。
내가 그를 3여년 넘게 알고 있지만 그의 집에는 한번도 가보지 않았고 그가 어디 사는지도 모른다.

(83) 即使全部都是原来的价格，我还是没有能力购买。
설사 모두 원래 가격이라고 해도 나는 역시 살 능력이 없다.

② 인과: 한 사건의 원인과 결과를 설명한다. 보통 종속절에 因为, 由于 등을 써서 원인을 나타내고 주절에 所以, 因此, 因而 등을 써서 결과를 나타낸다.

(84) 因为我们都有一个共同的目标，所以大家很自然地聚到了一起。
우리는 공통의 목표를 가지고 있기 때문에 모두들 자연스럽게 한데 모였다.

(85) 由于键盘拥有一定的弧度，因此使用起来非常顺手。
키보드가 어느 정도 휘어져 있어서 사용하기가 아주 편하다.

‘之所以~(是因为)’가 호응을 이루어 원인과 결과를 나타내기도 하는데 이 표현은 서면어에서 많이 쓰인다.

(86) 他们之所以能够赚大钱，主要是因为他们享受着国家特殊的政策，掌握着特殊的垄断权力。
그들이 큰 돈을 벌 수 있었던 것은 주로 그들이 국가의 특별한 정책을 누리고, 특별한 독점권을 가지고 있기 때문이다.

(87) 此次拆迁之所以进展迅速，得益于前期宣传工作到位，相关补偿合理。
이번 철거가 진전이 빠른 것은 사전 홍보작업이 제대로 이루어지고 관련 보상이 합리적인데 힘입었다.

既然, 可见은 모두 추론과 인과관계를 함께 나타낸다.

(88) 既然有规则，大家就应该遵守。
규칙이 있는 이상 모두들 준수해야 한다.

(89) 他住院三个月了还没出院，可见他病情之严重。
그는 입원한지 3개월이나 됐는데 아직 퇴원을 하지 않는 것으로 그의 병세의 위중함을 알 수 있다.

③ 조건: 조건과 결과의 관계를 나타낸다. 특정한 조건의 경우 어떻다는 의미를 나타내는 경우와 조건에 상관없이 어떻다는 의미를 나타내는 경우가 있다. 특정한 조건의 경우 어떻다는 의미를 나타내는 경우 종속절에 보통 只要, 只有 등을 사용한다.

(90) 只要人数超过20人，我们就可享受半票的优惠。
사람이 20명을 넘기만 하면 우리는 반값 할인 혜택을 누릴 수 있다.

(91) 只有政界要人抵达，我们这儿才出现这样的情形。
정계 요인이 와야 우리에게 이런 상황이 나타난다.

除非는 특정한 조건이 없는 경우 어떻다는 의미를 나타낸다.

(92) 除非中国的GDP掉下去，否则房价是不会掉下去的。
중국의 GDP가 떨어지지 않는 이상 집값도 떨어지지 않을 것이다.

(93) 我们很少批这种贷款了，除非在我们银行有定期存款。
우리 은행에 정기예금이 있는 경우를 제외하고는 우리는 이런 대출을 거의 승인하지 않는다.

조건에 상관없이 어떻다는 의미를 나타내는 경우 종속절에 不管, 不论, 无论, 任凭 등 접속사를 사용한다.

(94) 不管经济环境怎么起伏，汽车市场仍呈现持续上升的状态。
경제환경이 어떠한 기복이 있더라도 자동차시장은 여전히 지속적인 상승세를 보인다.

(95) 任凭工作人员百般劝说，他们也不愿意散开。
관계자가 아무리 설득해도 그들은 해산하려 하지 않았다.

④ 가정: 가정과 결론 관계를 나타낸다. 구어에서는 주로 如果, 要是 등을 쓰고 서면어에서는 假如, 倘若 등을 쓴다. 주절에 就, 便, 那么 등을 같이 쓰기도 한다.

(96) 你要是还记得我，没事就来个电话吧。
네가 아직 나를 기억한다면 별일 없으면 전화 한번해라.

(97) 假如现在的楼价处于一个上升周期的话，那么还会有一定的升值空间。
만약 지금의 부동산 가격이 상승주기에 놓여 있다면 그렇다면 아직 상승의 여지가 어느 정도 있을 것이다.

(98) 倘若如此，我们到底该信谁的呢。
만약 그렇다면 우리는 도대체 누구를 믿어야 하는가.

⑤ 목적: 어떤 행동을 취하게 된 목적을 설명한다. 보통 为了는 종속절에, 以便, 好让, 以免, 免得, 省得 등은 주절에 사용된다. 为了, 以便, 好让 등은 '어떤 일을 하기 위해서'라는 의미를 나타낸다.

(99) 我为了对他表示谢意，送了一件小礼物。
나는 그에 대한 사의를 표시하기 위해 작은 선물을 보냈다.

(100) 我真恨不得地上有个洞，好让我往里钻。

나는 속으로 숨을 수 있도록 정말 땅에 구멍이 하나 있었으면 했다.

以免, 免得, 省得 등은 '어떤 일을 피하기 위해서'라는 의미를 나타낸다.

(101) 感情归感情，金钱归金钱，还是应该泾渭分明，免得赔了夫人又折兵。

감정은 감정이고 돈은 돈일 뿐 양쪽 모두 잃지 않도록 분명히 구분해야 한다.

(102) 学生应该提前学点儿语文，省得开学后压力太大。

개학 후 너무 많은 스트레스를 받지 않도록 학생들은 미리 국어를 조금 공부해야 한다.

⑥ 연결: 수식하는 절과 수식을 받는 절이 같은 단어를 매개로 연결된다.

(103) 你越这么说，他越不听话。

네가 이렇게 말할수록 그는 더 말을 듣지 않는다.

(104) 谁受益，谁掏钱。

이익을 보는 사람이 돈을 낸다.

(105) 你要去哪儿，我就跟着你去哪儿。

네가 어디를 가든 나는 너를 따라 가겠다.

보통 수식복문에서 종속절이 앞에 오고 주절이 뒤에 오는데 둘 간의 순서가 바뀌면 종속절은 보충 설명하는 의미를 가지게 된다.

(106) 男女主人公闹出了许多误会，就因为两个人语言不同。
남녀 주인공은 많은 오해를 했다. 바로 두 사람의 언어가 달랐기 때문에.

(107) 汽车市场仍呈现持续上升的状态，不管经济环境怎么起伏。
자동차시장은 지속적인 상승세를 보일 것이다. 경제환경에 어떠한 기복이 있더라도.

한 가지 주의할 점은 복문의 주절과 종속절은 접속사에 의해 연결되기도 하지만 접속사 없이 연결되는 경우도 많이 있다는 것이다. 위의 예문에서는 대부분 복문을 접속성분을 중심으로 살펴보았으나 다음 예문처럼 접속성분 없이 연결되는 경우도 많다.

(108) 中国的出口产品物美价廉，一些国家还是不买中国的账。
중국의 수출상품은 가격은 저렴하고 품질은 우수하지만 일부 국가는 여전히 중국 물건을 사주지 않는다.

(109) 减少现有的资金规模，则将给我们带来新的风险。
지금의 자금 규모를 줄이면 우리에게 새로운 위험을 가져다 줄 것이다.

여기서 두 절간에는 아무런 접속사가 쓰이지 않았지만 (108)에서는 역접관계를, (109)에서 인과관계를 나타내고 있다. 따라서 접속사가 없더라도 접속관계를 적절하게 파악하는 것이 필요하다.

또 복문의 분석이 쉽지 않은 경우도 있다.

(110) 太石村的罢官事件如何发展，不但在检验中国领导人对世界作出的承诺，也在考验他们能否突破政治改革的难关。(亚洲周刊，2005년10월02일)

*태석촌 파관사건은 어떻게 진행될까? 중국지도자들의 세계에 대한 약속을 검증할 뿐 아니라 그들이 정치개혁의 난관을 돌파할 수 있을지도 시험한다.

(111) 我给家里打了电话，告诉他们我在北京生活学习得非常愉快。(新步步高초급 p119)

*나는 집에 전화를 걸었다. 그들에게 나의 베이징 생활과 공부는 매우 유쾌하다고 말했다.

(110)와 (111)는 부정확한 번역의 실례이다. (110)는 복문이기는 하지만 太石村的罢官事件如何发展(태석촌 파관사건이 어떻게 발전될까)전체가 주어로 '약속을 검증(检验承诺)'하고, '난관을 극복할 수 있을지 시험(考验能否突破难关)'하는 것으로 보인다. 따라서 첫 번째 쉼표 뒤에서 '진행될까?'라는 의문문으로 끊어서는 안된다. (111)는 예문처럼 쉼표 앞뒤를 띄어 읽는다면 복문으로 보이고 붙여 읽는다면 단문인 연동문으로 볼 수도 있다. 단문이라면 문장의 중간을 마침표로 끊어서는 안되고 예문처럼 중간에 쉼표가 있어 복문으로 보인다고 해도 마침표를 끊기보다는 연결어미 등으로 연결해 복문임을 드러내는 것이 좋다. 따라서 위의 두 문장은 다음과 같이 해석하는 것이 좋다.

(110') 태석촌 파관사건은 어떻게 진행될지는 중국지도자들의 세계에 대한 약속을 검증할 뿐 아니라 그들이 정치개혁의 난관을 돌파할 수 있을지도 시험한다.

(111') 기숙사에 돌아와 나는 집에 전화를 걸어 그들과 나의 베이징 생활과 공부는 매우 유쾌하다고 말했다.

4.3 문장의 변환

4.3.1 긍정과 부정

어떤 사건을 서술할 때 긍정문의 형태를 취할 수도 있고 부정문의 형태를 취할 수도 있다. 보통 부정문은 긍정문에 不, 沒, 别, 未, 无, 勿 등 부정을 나타내는 단어가 붙어서 만들어신다. 이중에서 가장 자주 쓰이는 단어는 단연 부정부사 不와 沒이다. 不와 沒는 모두 위어로 쓰이는 동사나 형용사 앞에 쓰여 부정을 나타낸다.

(112) 今天天气很冷。
오늘 날씨가 아주 춥다.
→ 今天天气不冷。
오늘 날씨가 춥지 않다.

(113) 午饭我早就吃了。
점심을 나는 일찌감치 먹었다.
→ 午饭我还没吃。
점심은 나는 아직 먹지 않았다.

경우에 따라서는 不과 沒가 모두 쓰일 수도 있지만 그 의미는 각기 다른데 不은 주관적인 의지나 일반적인 상태를 부정하는데 쓰이고 沒은 동작의 완료나 발생을 부정하는데 쓰인다.

(114) 你平时中午休息吗?
너 평소에 점심때 쉬니?
→ 我一般不休息。
난 보통 쉬지 않아.

(115) 今天中午你休息了吗?
너 오늘 점심에 쉬었니?
→ 今天我没休息。
나 오늘 쉬지 않았어.

부정부사 别는 '~하지 말라'는 부정의 명령이나 청유를 나타낼 때 쓰인다.

(116) 今晚的活动你们千万别错过。
오늘 저녁 행사는 너희들 절대 놓치지 말아라.

(117) 你也别以为自己是硕士，竞争力强。
너도 네가 석사라고 경쟁력이 있을 것이라고 생각하지 말아라.

부정부사는 위어 앞이 아닌 개사구 앞에 쓰여 부정을 나타내기도 한다.

(118) 他们不注意细节，不把小事当回事。

그들은 세부적인 문제에 주의하지 않고 작은 일은 신경도 쓰지 않는다.

(119) 我们的队员并没被他们的气势压倒。

우리 팀원은 결코 그들의 기세에 눌리지 않았다.

(120) 你们别在网上做坏事。

너희들 인터넷 상에서 나쁜 짓 하지 말아라.

한 문장에 두 개의 부정사를 이용해 강한 긍정을 나타내기도 하는데 이를 이중부정(双重否定)이라고 한다.

(121) 普通老百姓不能不关注物价问题。

보통 국민들은 물가 문제에 주목하지 않을 수 없다.

(122) 这件事没有人不知道。

이 일은 모르는 사람이 없다.

未, 无, 勿 등은 모두 주로 서면어에 쓰이는 부정사로 대략적으로 未는 용언성분을 부정하는 부사 没에 해당하고 无는 체언성분을 부정하는 동사 没에 해당하며 勿는 别에 해당한다.

(123) 多数人对他的建议未提出异议。

다수의 사람들이 그의 건의에 이견을 제기하지 않았다.

(124) 放眼国内车市，竞争激烈程度与战场无异。

국내 자동차 시장을 보면 경쟁의 치열함이 전쟁터와 다름이 없다.

(125) 消费者勿盲目崇拜洋品牌。

소비자들은 맹목적으로 외국 상표를 숭배하지 말아라.

4.3.2 서술와 의문

서술문에서 의문문을 만들 때는 의문을 나타내는 형태가 들어가야 하는데 중국어에서 의문을 나타내는 형태에는 크게 서술문에 변화를 가하지 않는 방법과 변화를 가하는 두 가지 방법이 있다.

우선 서술문에 아무런 변화 없이 단순히 문장의 끝 부분을 끌어 올려 말함으로써 의문문을 만들기도 한다.

(126) 他已经回家了。↘

그는 벌써 집으로 돌아갔다.

→ 他已经回家了? ↗

그는 벌써 집으로 돌아갔어?

(127) 小王今天没来。↘

小王은 오늘 오지 않았다.

→ 小王今天没来? ↗

小王이 오늘 오지 않았어?

이런 의문문 뒤에는 어기조사 吗나 啊를 써서 더 확실한 의문을 나타내기도 한다.

(128) 他已经回家了吗?

그는 이미 집으로 돌아갔어?

(129) 小王今天没来啊?

小王이 오늘 오지 않았다고?

두 번째는 평서문에 특정한 형태를 더하거나 문장의 일부를 바꿈으로써 의문문을 만들기도 한다. 이런 방법에는 다음의 몇 가지가 있다.

첫째, 서술문에 어기조사 吗나 吧등을 붙여 의문문을 만들 수 있는데 이런 의문문을 판정의문문(是非问句)이라고 한다.

(130) 你知道你最大的对手是谁吗？

너는 너의 가장 큰 적수가 누구인지 알고 있니?

(131) 这件事由我来决定就行了吧？

이 일은 내가 결정하면 그만이지?

이런 의문문은 단순히 동의나 그 부정을 나타내는 말로 대답할 수 있다.

둘째, 서술문에서 묻고 싶은 부분을 의문대사로 바꿈으로써 의문문을 만들 수 있는데 이런 의문문을 의문사의문문(特指问句)이라고 한다.

(132) 你最大的对手到底是谁呢？

너의 가장 큰 적수는 도대체 누구인가?

(133) 这件事应该由谁来决定？

이 일은 누가 결정해야 하는가?

(130)와 (132), (131)과 (133)는 비슷해 보이지만 서로 다른 의문문인데 그 대답을 보면 차이가 잘 드러난다. (130)에서 묻고 있는 것은 '알고 있는가'의 여부이고 따라서 대답은 '그렇다' 혹은 '그렇지 않다'로 충분하

다. 하지만 (132)에서 묻고 있는 것은 '누구인가'이므로 대답에는 구체적으로 그 '누구'를 구체적으로 알려주어야 한다. 한편 (131)에서 묻고 있는 것은 '그만인가'의 여부이고 따라서 대답은 '그렇다' 혹은 '그렇지 않다'로 충분하다. 하지만 (133)에서 묻고 있는 것은 역시 '누가 결정하는가'이므로 그 '누구'를 구체적으로 알려주어야 한다.

셋째, 서술문에서 예상되는 대답을 열거하고 듣는 이가 그 중 하나를 선택하도록 함으로써 의문문을 만들 수 있는데 이런 의문문을 선택의문문(选择问句)이라고 한다.

(134) 你最大的对手是我还是他?
너의 가장 큰 적수는 나니 그 사람이니?
(135) 这件事由我来决定好还是由他来决定好呢?
이 일은 내가 결정하는게 좋은가 아니면 그가 결정하는 게 좋은가?

열거된 대답이 위어의 긍정형태와 부정형태이고 듣는 이가 이 두 형태 중 하나를 선택하도록 함으로써 의문문을 만들기도 하는데 이런 의문문을 정반의문문(正反问句)이라고 한다.

(136) 你是不是汉语专业的学生?
너는 중국어 전공의 학생이니 아니니?
(137) 他以前来过金海没有?
그 사람 전에 김해 와봤니 안 와봤니?

긍정형태와 부정형태가 능원동사나 보어인 경우도 있다.

(138) 我们公司能不能更好地生存与发展？

우리 회사가 더 잘 생존하고 발전할 수 있을까 없을까?

(139) 你开车开得好不好?

너 차 잘 모니 그렇지 않니?

넷째, 그 외 어기조사 呢를 이용해 축약형 의문문을 만들기도 한다.

(140) 我的自行车呢?

내 자전거는?

(141) A: 那红色的呢？

그럼 빨건 것은?

B: 嗯，不错。

응, 괜찮은데

4.3.3 능동과 피동

일반적으로 문장은 '주어-동사-목적어'의 순서를 이루고 주어는 동사 동작의 주체인 행위자(施事), 목적어는 동사 동작의 대상(受事)이다.

(142) 他的母亲拿走了那笔钱。

그의 어머니가 그 돈을 가져갔다.

(143) 那个人撞倒了我哥。

그 사람이 우리 형을 부딪쳐 넘어뜨렸다.

하지만 동작의 대상을 문장의 맨 앞에 두어 동작의 대상의 입장에서 '어떤 동작을 당하다'라는 의미를 나타내는 피동문을 만들 수 있다. 중국어의 피동문에는 주로 개사 被가 쓰인다.

(142') 那笔钱被他的母亲拿走了。

그 돈은 그의 어머니가 가져갔다.

(143') 我哥被那个人撞倒了。

우리 형은 그 사람에 의해 부딪쳐 넘어졌다.

또 개사 叫, 让, 给 등도 피동을 나타내는데 쓰인다.

(144) 我的韩中词典已经叫朋友借走了。

내 한중사전은 이미 친구에 의해 빌려갔다.

(145) 整个镜头全让你挡住了。

화면 전체가 너에 의해 가려졌다.

(146) 早上吃剩的东西刚给他吃光了。

아침에 먹고 남은 음식은 방금 그가 다 먹어 버렸다.

피동문은 말 그대로 동작의 대상이 '어떤 동작을 당하다'라는 의미를 나타내기 때문에 주로 좋지 않은 상황에 많이 쓰이지만 요즘은 꼭 좋지 않은 상황이 아니라도 피동문 형태를 쓰는 경우도 많다.

(147) 她曾经被誉为女强人。

그녀는 일찍이 수퍼우먼이라고 칭송 받았다.

(148) 13个单位被授予先进单位称号。

13개 기관이 우수 기관 칭호를 받았다.

피동문은 把가 쓰인 처치문처럼 동사 부분이 복잡해야 한다는 제약이 있는데 동사 뒤에 동태조사나 보어, 빈어가 따라오거나 혹은 피동을 나타내는 개사 앞에 수식어가 붙기도 한다.

일부 문장은 피동문으로도 처치문으로도 변환이 가능하다.

(152) 你挡住了整个镜头。

네가 화면 전체를 가렸다.

→ 你把整个镜头挡住了。

네가 화면 전체를 가려 버렸다.

→ 整个镜头让你挡住了。

화면 전체가 너에 의해 가려졌다.

5 특수한 구문

5.1 是와 有

5.1.1 是

是는 중국어에서 가장 자주 쓰이는 동사 중 하나로 그 용법이 다양하고 또 특별하다. 是의 기본적인 의미는 긍정이나 판단을 나타내는 것이다.

(1) 我们都是韩国人。
우리는 모두 한국인이다.

(2) 中国是韩国的近邻。
중국은 한국의 가까운 이웃이다.

동사로서 是는 문장에서 위어, 술어 등으로 쓰일 수 있고 부사의 수식을 받을 수 있고 긍정, 부정의 형태를 연이어 사용해서 의문을 나타낼 수 있는 등 동사의 일반적인 성격을 가지고 있다. 하지만 또 다른 동사와는 다르게 뒤에 동태조사 了, 着, 过가 따라올 수 없고 부정부사로 不만 쓸 수 있고 没로 부정할 수 없다는 특징이 있다. 보통 문장에서 위어동사가 핵심이지만 是는 주어와 빈어를 연결하는 역할을 주로 할 뿐 의미적인 역할은 크지 않다는 특징도 있다.

타동사인 是의 주어와 빈어로 쓰이는 말이 아주 다양해서 많은 실사와 다양한 구가 주어와 빈어로 쓰일 수 있다. 우선 다른 동사에서 주어와 빈어로 잘 쓰이지 않는 수사와 수량구가 是의 주어나 빈어로 쓰인다.

(3) 二加三是五。
2 더하기 3은 5이다.
(4) 两斤是一公斤。
두 근은 1킬로그램이다.

다른 동사에서도 동사(구)나 형용사(구)가 주어나 빈어로 쓰이기는 하지만 是에서는 좀 더 많은 동사와 형용사가 쉽게 주어나 빈어로 쓰일 수 있다.

(5) 走路也是一种运动。
걷는 것도 일종의 운동이다.
(6) 他唯一的目的就是活下去。
그의 유일한 목표는 바로 살아나가는 것이다.

장소나 시간을 나타내는 말도 다른 동사의 주어나 빈어로 쓰이기는 하지만 是에서는 좀 더 쉽게 주어나 빈어로 쓰인다.

(7) 前面是一条小河。
앞쪽은 한줄기 작은 강이다.

(8) 今年是二零一零年。

올해는 2010년이다.

일부 주위구조도 동사 是의 주어나 빈어로 쓰인다.

(9) 我喜欢吃中国菜是不可否认的事实。

내가 중국 요리 먹는 것을 좋아한다는 것은 부인할 수 없는 사실이다.

(10) 不可否认的事实是他确实是一位好医生。

부인할 수 없는 사실은 그가 확실히 좋은 의사라는 것이다.

的자구도 是의 주어나 빈어로 쓰인다.

(11) 刚进来的也是我的同学。

방금 들어온 사람도 나의 학교친구이다.

(12) 我的书包是蓝颜色的。

나의 책가방은 파란색이다.

또 개사구도 是의 주어나 빈어로 쓰인다.

(13) 从晚上8点开始到凌晨2点是我们的营业时间。

저녁 8시부터 새벽 2시가 우리 영업시간이다.

(14) 多数人来此工作都是为实现个人理想。

대다수 사람들이 여기 와서 일하는 것은 모두 개인의 이상을 실현하기 위해서다.

동사나 형용사가 주어나 빈어로 쓰이는 是만의 특별한 용법도 있다. 첫 번째는 긍정과 부정이 같이 쓰여 대비를 나타내는 것이다.

(15) 我是去借书，不是还书。
　　나는 책을 빌리러 가지 반납하러 가는 것이 아니다.

(16) 最好是他去，不是你来。
　　가장 좋은 건 그가 가는 것이지 네가 오는 것이 아니다.

두 번째 주어와 빈어가 같은 형태로 양보를 나타내기도 한다.

(17) 他午饭吃是吃了，只是没吃饱。
　　그는 점심을 먹기는 먹었는데 배불리 먹지는 못했다.

(18) 这款车，快是快一点，但车价太贵了。
　　이런 차는 빠르긴 조금 빠르지만 값이 너무 비싸다.

是는 대답할 때 자주 단독으로 쓰인다.

(19) A: 金同学来了吗?
　　金同学는 왔니?
　　B: 是。
　　네.

是不是는 문장의 맨 앞이나 맨 뒤에서 의문문을 만들기도 한다.

(20) 是不是你的心态有问题?

네 마음에 문제가 있는게 아닐까?

(21) 你已经开始心动了吧, 是不是?

너 벌써 마음이 움직이기 시작했지, 그렇지?

동사나 형용사 앞의 是가 '확실히', '정말'의 의미를 나타내는 경우가 있는데 이때 是는 강하게 읽는다.

(22) 我是不知道, 你别问我。

나는 정말 모르니까 나에게 묻지 말아라.

(23) 他的提案是很不错。

그의 제안은 확실히 꽤 괜찮다.

이런 是는 그 의미에 있어서나 발음에 있어서나 다른 용법과 확연하게 구별되기 때문에 동사가 아닌 부사로 보는 경우도 있다. 또 是는 '是~的'의 형태로 아래에서 설명할 강조구문을 구성하기도 한다.

5.1.2 有

有도 중국어에서 자주 쓰이는 동사 중 하나로 그 용법이 다양하고 또 특별해서 따로 살펴볼 필요가 있다. 有의 기본적인 의미는 소유나 존재를 나타내는 것이다.[1)]

1) 존재와 소유의 구분이 쉽지 않을 수도 있다. 동사 앞에 사람이나 동물이 있는 경우 소유의 성질을 띠기 쉽고 방위사가 있는 경우 존재의 성질을 띠기 쉽다.

(24) 他有一辆非常漂亮的跑车。

그는 아주 예쁜 스포츠카가 한 대 있다.

(25) 停车场上有一辆非常漂亮的跑车。

주차장에는 아주 예쁜 스포츠카가 한 대 있다.

是가 다른 동사와 다르게 부정부사 不로만 부정할 수 있다면 有는 부정부사 没로만 부정할 수 있고 不로는 부정할 수 없다.

(26) 我没有韩汉词典。

나는 한중사전이 없다.

(27) 桌子上没有韩汉词典。

탁자 위에는 한중사전이 없다.

有는 일부 명사와 결합해 단순히 '명사가 있다', '존재한다'는 의미가 아니라 '명사가 많다', '명사가 크다' 등의 의미를 나타내기도 한다. 소유나 존재를 나타내는 有는 보통 정도부사의 수식을 받을 수 없지만 이때는 정도부사의 수식도 받을 수 있다.

(28) 王老师在教学上很有经验。

왕선생님은 교육에 경험이 많다.

(29) 他这个人非常有前途。

이 사람은 전도가 아주 유망하다.

有가 장소, 시간 등을 나타내는 말과 함께 존재를 나타내는 경우도 있다. 이런 문장은 아래에서 설명할 존현문의 일종이다.

(30) 房间里有一张大床。

방안에는 큰 침대 하나가 있다.

(31) 昨天晚上有个学生失踪了。

어제 저녁 한 학생이 실종됐다.

어떤 경우 주어가 없이 쓰이기도 하는데 일부는 주어가 생략되었다고 볼 수 있는 경우도 있지만 주어가 무엇인지 알 수 없는 경우도 있다.

(32) 没有他不知道的事。

그가 모르는 일은 없다.

(33) 有你的邮件。

당신의 우편물이 있다.

有는 비교문에 쓰여 비교 대상에 미친다거나 미치지 못한다는 의미를 나타내는 경우도 있다.

(34) 他有我高吗?

그 사람이 나만큼 커?

(35) 他没有你这么帅。

그는 너만큼 멋있지 않다.

5.2 연동문과 겸어문

보통 하나의 문장에는 하나의 동사가 쓰이나 연동문과 겸어문은 모두 둘 이상의 동사가 위어로 쓰이는 문장형태이다.

5.2.1 연동문(连动句)

위어가 둘 이상의 동사로 이루어진 문장을 연동문이라고 하는데 이때 위어로 쓰이는 동사들 간에는 주위, 술빈, 술보, 수식 등 문법관계가 존재하지 않는다. 연동문의 동사들 사이에는 연결성분이 쓰이지 않고 동사들의 주어는 같다. 간혹 동사와 형용사로 이루어진 연동문도 있다.

(36) 他会去机场接你的。
그가 공항에 가서 너를 마중할 것이다.
(37) 大家听了都非常高兴。
모두들 듣고는 무척 즐거웠다.

(36)에서는 去와 接 두 개의 동사가 연동문을 이루고 있지만 (37)에서는 동사 听과 형용사 高兴이 연동문을 이루고 있다.

연동문에서 동사들간에는 대개 다음과 같은 몇 가지 의미관계가 존재한다.

1) 동사들은 시간적으로 연이어 일어나는 사건을 나타낸다.

(38) 他做好作业给哥哥看了一下。
그는 숙제를 다 하고 형에게 한번 보여줬다.
(39) 我们吃过晚饭出去打了一会儿羽毛球。
우리는 저녁을 먹고 나가서 배드민턴을 잠깐 쳤다.

2) 동사 중 앞에 쓰인 동사가 뒤에 쓰인 동사 동작의 방식, 수단을 나타낸다.

(40) 中国人拿筷子吃饭。

중국사람은 젓가락을 가지고 밥을 먹는다.

(41) 我们每天骑自行车去学校。

우리는 매일 자전거를 타고 학교에 간다.

3) 동사 중 뒤에 쓰인 동사가 앞에 쓰인 동사 동작의 목적을 나타낸다.

(42) 我去超市买点水果。

나는 과일 좀 사러 수퍼에 간다.

(43) 王明去机场接客人。

王明은 손님을 마중하러 공항에 간다.

4) 앞뒤 두 동사가 하나는 긍정의 의미를, 다른 하나는 부정의 의미를 나타내지만 두 동사는 긍정, 부정의 두 측면에서 한 가지 상황을 나타낸다.

(44) 他一直低着头不说话。

그는 줄곧 고개를 숙이고 말이 없다.

(45) 他在那儿站着不动。

그는 거기 서서 움직이지 않았다.

연동문은 위어로 쓰이는 동사들 간에 문법관계가 존재하지 않는다는 면에서 병렬구조와 비슷하기도 하다. 하지만 병렬구조로 연결된 각 부분은 그 순서를 바꿀 수 있으며 바꾼 후에도 의미에는 큰 변화가 없다.

(46) 我最近很轻松，天天看电影、听音乐。

나는 요즘 아주 홀가분해서 매일 영화를 보고 음악을 듣는다.

→ 我最近很轻松，天天听音乐、看电影。

나는 요즘 아주 홀가분해서 매일 음악을 듣고 영화를 본다.

하지만 연동문의 동사들 간 순서는 바꿀 수 없거나 바꾸면 의미에 변화가 생긴다.

(45') 他在那儿站着不动。

그는 거기 서서 움직이지 않는다.

→ *他在那儿不动站着。

그는 거기서 움직이지 않았다. 서서.

(46') 他会去机场接你的。

그가 공항에 가서 너를 마중할 것이다.

↛ 他会接你去机场的。

그가 너를 데리고 공항에 갈 것이다.

(45')에서 연결되는 동사들 간의 순서를 바꾸면 아예 말이 되지 않고 (46')에서는 말은 되지만 의미가 원래 문장과 달라진다.

동사 有, 是로 구성된 연동문은 주어가 없는 형태로 쓰일 수도 있다.

(47) 突然有一个人从外面走进来。

갑자기 한 사람이 밖에서 걸어 들어왔다.

(48) 你别怪他，是我不对。

그 사람을 탓하지 말아라. 내가 잘못한 것이다.

5.2.2 겸어문(兼语句)

겸어문은 위어가 술빈구조와 주위구조가 겹쳐진 형태로 이루어진 문장으로 이때 술빈구조의 빈어는 주위구조의 주어로도 쓰이기 때문에 두 가지 역할을 겸한다고 해서 '겸어(兼语)'라고 부른다. 겸어문이란 술빈구조의 빈어로 쓰이면서 동시에 주위구조의 주어로 쓰이는 '겸어'를 포함하고 있는 문장이라고 할 수 있다.

(49) 他请我过来。
그는 나에게 오라고 초대했다.

(49)에서 我는 앞에 있는 동사 请의 빈어로 쓰이고 있고 동시에 뒤에 있는 동사 过来의 주어로도 쓰이고 있다. 따라서 我는 빈어로도, 주어로도 쓰이는 겸어이고 이런 겸어가 포함된 문장이 겸어문이다.

겸어가 포함되어 있는 문장이 겸어문이기는 하지만 겸어문의 구성에 있어서 핵심적인 역할을 하는 것은 첫 번째 동사로 이 동사의 성격에 따라 겸어문이 구성된다. 겸어문을 구성하는 동사에는 请, 叫, 骂, 派, 劝, 选, 有, 是, 鼓励, 允许，通知，命令, 禁止 등이 있다.

(50) 老金经常骂他不成材。
老金은 자주 그 사람이 재목이 안 된다고 나무란다.

(51) 我们学校派教师前往中国。
우리 학교는 교사를 중국으로 파견한다.

(52) 主教练选他进国家队。
감독은 그를 국가대표팀에 뽑았다.

(53) 招聘人员通知他下周一到公司面试。
채용자는 그에게 다음주 월요일 회사에 와서 면접을 보도록 통지했다.

겸어문에는 보통 겸어의 앞뒤로 두 개의 동사가 나오지만 겸어 뒤에는 동사 대신 형용사가 쓰이는 경우도 있다.

(54) 他劝大家冷静一点。
그는 모두에게 좀 냉정하라고 했다.

겸어문에 연동문이 이어져 쓰일 수도 있다.

(55) 对方派人到我们公司谈生意。
상대방이 우리 회사에 사람을 파견해 우리 회사에 와서 사업을 논의한다.

(55)에서 동사 派가 겸어 人과 겸어문을 만들고 있으며 동사 到와 谈은 연동문을 구성하고 있다.

5.3 비교문과 존현문

5.3.1 비교문(比较句)

중국어에서 비교문을 만들 때는 대개 개사 比를 사용하거나 동사 有

나 沒有를 사용한다.

1) 比는 둘 간의 정도의 차이를 나타내며 기본적인 형태는 'A比B怎么样(A가 B와 비교해 어떻다)'이다.

(56) 沈阳比上海冷。
沈阳은 上海보다 춥다.
(57) 他比我大。
그는 나보다 나이가 많다.

比와 그 빈어로 이루어진 개사구의 수식을 받는 성분은 주로 형용사이지만 동사나 동사구인 경우도 있다.

(58) 游泳比打球有意思。
수영은 공놀이보다 재미있다.
(59) 你比小李写得好。
네가 小李보다 글을 잘 쓴다.

비교항 간의 차이를 구체적으로 드러내기 위해 수량성분을 사용하기도 한다.

(60) 他来得比我早一点。
그는 나보다 약간 일찍 왔다.
(61) 我姐姐比我大三岁。
우리 언니는 나보다 세살 많다.

比가 쓰인 비교문에는 부사 更과 还만 쓸 수 있으며 很, 非常, 最 등의 정도부사는 쓸 수 없다.

(62) 小王比小李高。
小王은 小李보다 크다.
→ 小王比小李更高/还高。
小王은 小李보다 더 크다
*小王比小李很高。
*小王比小李最高。

(63) 他比我有办法。
그는 나보다 수완이 좋다.
→ 他比我更/还有办法。
그는 나보다 수완이 더 좋다.
*他比我很有办法。
*他比我最有办法。

2) 有나 没有도 비교 나타낼 수 있으며 기본적인 형태는 'A有B怎么样(A가 B만큼 어떻다)' 혹은 'A没有B怎么样(A가 B만큼 어떻지 않다)'이다.

(64) 你们那边的天气有我们这边热吗?
너네 그쪽 날씨는 우리 여기만큼 덥니?

(65) 他唱歌没有你唱得好。
그는 너만큼 노래를 잘 하지 못한다.

有나 没有가 쓰인 비교문은 단순히 A가 B의 정도에 도달했는가 아닌가만을 나타내며 A와 B의 구체적인 차이를 드러내지는 못한다. 그래서 更이나 还같은 부사나 수량성분을 이용해 비교항간의 구체적인 차이를 드러낼 수 없다.

5.3.2 존현문(存现句)

존현문이란 존재나 출현, 소멸 등의 의미를 나타내는 문장을 가리킨다. 존현문은 나타내는 의미뿐 아니라 그 구조에 있어서도 다른 문장과는 구별되는 특징이 있으며 이런 문장에 쓰일 수 있는 동사의 종류도 제한되어 있다. 의미적으로 존현문은 어떤 곳에 어떤 사물이 존재함을 나타내거나 어떤 곳에 어떤 사물이 나타나거나 사라짐을 나타낸다. 구조적으로 존현문의 문두에는 장소사나 방위사가 나오고 동사 뒤에는 존재, 출현, 소멸하는 사람이나 사물이 나온다.

존재를 나타내는 문장은 주로 어디에 누구 혹은 무엇이 있다는 것을 나타낸다.

(66) 房间里有许多人。
방에는 많은 사람이 있다.

(67) 餐桌上摆着一盘水果。
식탁에는 과일 한 접시가 놓여있다.

보통 장소를 나타내는 말은 적절한 개사와 개사구를 이루어 부사어로 쓰인다.

(68) 他<u>在图书馆</u>看书。

그는 도서관에서 책을 보고 있다.

하지만 (66)이나 (67)에서 장소를 나타내는 말인 房间와 餐桌 앞에는 在와 같은 개사가 쓰이지 않고 대신 뒤에 나오는 방위사와 함께 주어로 쓰이고 있다. 존재를 나타내는 존현문에는 是, 有, 摆, 坐, 躺, 放, 存, 贴 등의 동사가 쓰이며 동사 뒤에는 동태조사 了나 着가 자주 따라온다. 이런 문장에 동사가 아닌 명사나 수량사가 위어로 쓰이는 경우도 있다.

(69) 那个地方<u>满地石头</u>，大风从年头刮到年尾。

그 지역은 온통 돌이고 세찬 바람이 일년내내 분다.

(70) 室内<u>一片漆黑</u>，窗户边有微弱的光亮。

방안은 온통 칠흑이고 창가에 약한 빛이 있다.

출현이나 소멸을 나타내는 문장은 어디에 무엇 혹은 누가 나타나거나 사라짐을 나타낸다.

(71) 我家出了一件小事。

우리 집에 작은 일 하나가 났다.

(72) 他家突然死了一头牛。

그의 집에 갑자기 소가 한 마리 죽었다.

출현이나 소멸을 나타내는 존현문에는 来, 出, 发生, 出现, 死, 沉 등의 동사가 쓰인다. 존재를 나타내는 문장과 마찬가지로 문두의 장소를 나타내는 말은 보통 개사 없이 쓰인다.

5.4 是~的문

是~的문은 동사가 위어로 쓰인 문장에서 이미 일어난 일의 시간, 장소, 방법, 행위자 등을 강조하는데 쓰인다.

(73) 他坐火车来了。
그는 기차를 타고 왔다.

(74) 他是坐火车来的。
그는 기차를 타고 온 것이다.

(73)는 일반적인 서술문이고 (74)는 是~的문인데 기본적으로 의미상 큰 차이는 없지만 서술문은 중립적으로 어떤 상황을 서술하고 있는 반면 (74)는 '기차를 타고 왔다'라는 사실을 강조한다.

是~的문에서 문장이 표현하고자 하는 것은 어떤 사건 그 자체가 아니라 언제, 어디서, 누가, 무엇을, 어떻게 등이다. 따라서 是~的문은 대조의 의미를 나타내기도 한다.

(75) 他是坐火车来的，不是坐飞机来的。
그는 기차를 타고 온 것이지 비행기를 타고 온 것이 아니다.

是~的문에서 是와 的의 위치는 대개 是는 주어 다음에, 的는 문장의 맨 끝에 쓰인다.

(76) 汉语课是从八点开始的。
중국어 수업은 8시부터 시작하는 것이다.

(77) 我们是去买菜的。

우리는 장을 보러 간 것이다.

하지만 是가 주어 앞에, 즉 문장의 맨 앞에 나오는 경우도 있다.

(78) 是我们去买的菜。

우리가 장을 보러 간 것이다.

(79) 是孙老师教我们汉语的。

손선생님이 우리에게 중국어를 가르치는 것이다.

(77)의 의미는 (78)과 기본적으로 차이가 없지만 강조나 대비의 내용은 약간 차이가 있다. (77)은 우리가 '무엇을 했다'는 것이 강조, 대비의 내용인 반면 (78)은 '우리가 가서 장을 보았다'는 것 전체가 강조, 대비의 내용이다.

강조구문에서 是가 생략되는 경우도 있다.

(80) 他坐火车来的。

그는 기차를 타고 온 것이다.

(81) 我今天刚到的。

나는 오늘 막 도착한 것이다.

동사에 빈어가 수반되는 경우 빈어는 的의 앞에 올 수도, 뒤에 올 수도 있다.

(82) 他是昨天去深圳的。

그는 어제 심천에 간 것이다.

(83) 他是昨天去的深圳。

그는 어제 심천에 간 것이다.

是~的문은 표현하고자 하는 것은 어떤 동작 그 자체가 아니라 언제, 어디서, 누가, 무엇을, 어떻게 등이기 때문에 대화의 맨 처음에 잘 나오지 않는다.

(84) 我们昨天刚到北京，我们是坐火车来的。

우리는 어제 막 북경에 도착했는데 우리는 기차를 타고 온 것이다.

(85) 他是我的好朋友，我是在上海的读书的时候认识他的。

그는 나의 좋은 친구인데 내가 상해에서 공부할 때 알게된 것이다.

5.5 안긴 문장과 중의현상

5.5.1 안긴 문장

중국어에서 문장은 대부분 주어와 위어 두 부분으로 이루어져 있다. 그런데 주위구조가 스스로 문장을 이루지 못하고 문장의 일부로 쓰이는 경우가 있는데 이를 안긴문장이라고 한다. 중국어에서 주위구조는 주어로 안기기도 한다.

(86) 我学汉语是为了更好地了解中国。

내가 중국어를 배우는 것은 중국을 더 잘 이해하기 위해서이다.

(87) 他说话相当快。

그가 말하는 것은 상당히 빠르다.

또 위어가 주위구조인 경우도 있다. 즉 주위구조가 위어로 안기는 것이다.

(88) 她眼睛很大。

그녀는 눈이 아주 크다.

(89) 小明学习非常努力。

小明은 공부가 아주 열심이다.

주위구조는 빈어로 안기기도 한다. 이때 동사는 대개 감각이나 심리활동을 나타내는 것이다.

(90) 我知道他喜欢看小说。

나는 그가 소설보기를 좋아하는 것을 안다.

(91) 他认为我做得不对。

그는 내가 잘못했다고 생각한다.

주위구조는 관형어로 안기기도 한다.

(92) 我昨天和小王一起看的那部电影真有意思。

내가 어제 小王과 함께 본 그 영화는 아주 재미있다.

(93) 他也看了我和小王一起看的那部电影。

그도 내가 小王과 함께 봤던 그 영화를 봤다.

주위구조는 부사어, 보어, 특히 정도보어로 안기기도 한다.

(94) 他人不知鬼不觉地溜出去了。

그는 쥐도 새도 모르게 도망가버렸다.

(95) 困得我都睁不开眼睛了。

졸려서 나는 눈도 못 뜰 지경이다.

이렇듯 중국어에서는 문장의 기본구조인 주위구조는 독립된 문장으로 쓰이기도 하지만 그렇지 않고 다른 문장의 일부로 안기는 경우도 많다. 이점은 문장을 분석하고 이해하는데 문제가 되기도 한다. 따라서 문장 내에서 주위구조가 독립된 문장으로 쓰인 것인지 혹은 다른 문장의 일부로 쓰인 것인지 파악하면 복잡한 문장의 구조를 분석하고 의미를 이해하는데 도움이 된다.

5.5.2 중의현상(歧义现象)

한 단어가 두 가지 이상의 뜻을 나타내는 경우가 있듯이 구나 문장과 같은 통사구조도 두 가지 이상의 의미를 나타내는 경우가 있는데 이를 중의현상이라고 한다. 잘 알려진 예를 하나 보자[2].

---

2) 이 부분의 논의와 일부 예문은 北大中文系(2007)에서 인용하였다.

咬死了猎人的狗
(사냥꾼을 물어 죽인 개)
(사냥꾼의 개를 물어 죽이다)

이 예는 술빈구조와 수식구조의 두 가지 구조로 분석이 가능하고 이에 따라 두 가지 의미를 나타낼 수 있다.

단어도 하나 이상의 의미를 나타낼 수 있지만 구체적인 언어환경에서는 대개 한 가지 의미만을 드러낸다. 통사적인 중의현상도 위와 같이 따로 떼어 놓으면 정확한 분석이 불가능하고 따라서 의미를 명확하게 알 수 없으나 구체적인 언어환경에서 그 정확한 의미가 드러나는 경우도 있다.

(96) 老虎咬死了猎人的狗。
호랑이가 사냥꾼의 개를 물어 죽였다.
(97) 那条狗就是咬死了猎人的狗。
그 개가 바로 사냥꾼을 물어 죽인 개다.

중의현상이 나타나는 원인은 다음의 몇 가지로 분석해볼 수 있다.

1) 모든 통사구조에는 층위가 있고 같은 순서로 배열된 단어들이라도 내부구조의 층위가 다르면 의미가 달라진다. 위의 咬死了猎人的狗가 이 경우에 해당하는데 내부구조에 따라 층위를 나누면 다음과 같이 나뉘는 위치와 문법관계가 달라지게 된다.

술빈구조: 咬死了 / 猎人的狗

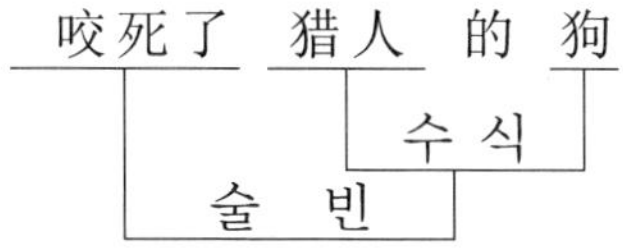

수식구조: 咬死了猎人的 / 狗

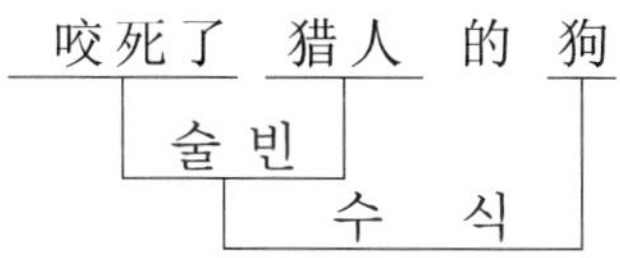

2) 중국어의 가장 큰 특징은 형태변화가 없다는 것이고 이런 특징에서 유래되는 한 가지 문제는 다양한 문법구조가 같은 형태를 가지고 있다는 것이다. 따라서 한 문법구조가 나뉘는 위치는 같더라도 이런 구조로도 또 저런 구조로도 분석이 가능해 두 가지 의미를 나타내는 경우가 있다.

出租 / 汽车

出租汽车를 분석한다면 어떤 경우든 出租와 汽车의 두 부분으로 나누게 된다. 하지만 두 부분간의 관계는 수식구조로도, 또 술빈구조로도 분석이 가능하다. 수식구조로 분석하면 出租가 汽车를 수식해서 '빌린 자동차'라는 의미이다. 술빈구조라면 出租가 汽车를 지배해서 '자동차를 빌려주다'라는 의미이다.

또 '명동사+명사'로 구성된 많은 구조가 수식구조로도, 술빈구조로도 분석될 수 있어 중의성을 띤다.

研究方法
(수식구조: 연구하는 방법)
(술빈구조: 방법을 연구하다)
翻译小说
(수식구조: 번역된 소설)
(술빈구조: 소설을 번역하다)

3) 통사구조의 분석에 있어서 층위가 같고 통사구조가 같아도 두 부분간의 의미관계가 달라지면 통사구조 전체의 의미가 달라질 수 있다. 나뉘는 위치가 같고 또 나뉜 두 부분간의 관계가 같더라도 의미관계로 인해 두 가지 해석이 가능한 경우가 있다.

(98) 饭不吃了。
밥을 먹지 않는다.
(99) 鸡不吃了。
닭이 먹지 않는다.
닭을 먹지 않는다.

두 예문은 층위도 같고 통사구조도 같지만 의미관계에 있어 차이가 있다. (98)에서 饭과 吃의 의미관계는 아주 명확하다. 吃는 동작을 나타내고 饭은 이 동작의 대상이다. 하지만 (99)에서 鸡와 吃의 의미관계는 두 가지 해석이 가능하다. 우선 吃는 동작을 나타내고 鸡는 이 동작을 행하는 행위자일 수 있으며 이때는 '닭이 사료를 먹지 않는다'로 해석된다. 그리고 吃가 동작을 나타내고 鸡는 이 동작의 영향을 받는 대상일 수도 있으며 이때는 '누군가 닭을 먹지 않는다'로 해석된다. 또 다음 예를 보자.

崔老师的书
(崔선생님의 책)

이 구는 崔老师的와 书 두 부분으로 이루어진 수식구조인데 의미관계에 있어서는 두 가지 해석이 가능하다. 우선 '최선생님 소유의 책'이라고 이해할 수 있다. 하지만 '최선생님'이 작가이거나 학자라면 '최선생님이 쓴 책'으로도 이해할 수 있어 중의성을 띤다.

참고문헌

김일웅, <국어의 주제-설명구조> ≪국어통사론≫진명문화사, 1985

남기심/고영근, ≪표준국어문법론≫탑출판사, 1993

남기심, ≪국어문법의 탐구 I ≫태학사, 1996

이기문감수, ≪동아 새국어사전≫동아출판사, 1994

이익섭등, ≪한국의 언어≫신구문화사, 1997

유형선, <주어와 주제 구문의 유형에 대한 고찰> ≪한국어학≫,1996

최영애, ≪중국어란 무엇인가≫통나무, 2008

허성도등, ≪중국어학개론≫한국방송통신대학교출판부, 2000

北大中文系编, ≪现代汉语≫商务印书馆, 2007

蔡文兰，<带非名词性宾语的动词> ≪中国语文≫, 1986

曹逢甫著/谢天蔚译, ≪主题在汉语中的功能研究≫语文出版社，1995

储泽祥等, <汉语存在句的历史性考察> ≪古汉语研究≫, 1997

丁声树等， ≪现代汉语语法讲话≫商务印书馆，1961

范晓, ≪三个平面的语法观≫北京语言文化大学出版社，1996

房玉清, ≪实用现代汉语语法≫北京大学出版社，2001

郭锐, ≪现代汉语词类研究≫商务印书馆，2002

胡裕树主编, ≪现代汉语≫上海教育出版社，1981

胡裕树/范晓主编, ≪动词研究≫河南大学出版社，1995

胡裕树/范晓主编, ≪动词研究综述≫山西高校联合出版社，1996

黄伯荣/廖序东主编, ≪现代汉语≫高等教育出版社，1991
李临定，<宾语使用情况考察> ≪语文研究≫, 1983
李英哲等编著/熊文华译， ≪实用汉语参考语法≫北京语言学院出版社，1990
林祥楣主编, ≪现代汉语≫语文出版社，1995
刘月华等, ≪实用现代汉语语法≫商务印书馆，2001
卢福波, ≪对外汉语教学实用语法≫北京语言文化大学出版社，1996
卢福波, ≪对外汉语教学语法研究≫北京语言大学出版社，2004
陆俭明/沈阳, ≪汉语和汉语研究十五讲≫北京大学出版社, 2003
陆俭明, ≪现代汉语语法研究教程≫北京大学出版社, 2003
吕必松, ≪对外汉语教学研究≫北京语言学院出版社, 1993
吕叔湘主编, ≪现代汉语八百词≫商务印书馆, 1999
吕叔湘等, ≪语法研究入门≫商务印书馆, 1999
马庆株,<时量宾语和动词的类> ≪中国语文≫, 1981
马庆株, <自主动词和非自主动词> ≪中国语言学报≫, 1988
马真, ≪简明实用汉语语法教程≫北京大学出版社, 1997
彭小川等, ≪对外汉语教学语法释疑201例≫商务印书馆，2005
石毓智, <时间的一维性对介词衍生的影响> ≪中国语文≫, 1995
石毓智, ≪语法的认知语义基础≫江西教育出版社，2000
宋玉柱, ≪现代汉语特殊句式≫山西教育出版社，1991
谭景春, <名形词类转变的语义基础及相关问题> ≪中国语文≫, 1998
吴叔平编著, ≪汉语动词380例≫华语教学出版社，2000
吴中伟, ≪现代汉语句子的主题研究≫北京大学出版社，2004
邢福义, ≪汉语语法三百问≫ 商务印书馆, 2002
邢公畹主编, ≪现代汉语教程≫南开大学出版社，1994

徐通锵, ≪基础语言学教程≫北京大学出版社，2001
徐子亮, ≪汉语作为外语教学的认知理论研究≫华语教学出版社，2000
叶蜚声/徐通锵, ≪语言学纲要≫北京大学出版社，1997
袁毓林, <话题化及相关的语法过程> ≪中国语文≫1996
张伯江, <词类活用的功能解释> ≪中国语文≫1994
张旺熹, ≪汉语特殊句法的语义研究≫北京语言文化大学出版社，1999
赵元任著/吕叔湘译, ≪汉语口语语法≫ 商务印书馆, 1979
郑懿德等编，≪汉语语法难点释疑≫华语教育出版社，1992
中国社科院编, ≪现代汉语词典≫商务印书馆, 2007
周刚, <形式动词的次分类> ≪汉语学习≫, 1987
周小兵, <"进行""加以"句型比较> ≪汉语学习≫, 1987
朱德熙, ≪现代汉语语法研究≫ 商务印书馆, 1980
朱德熙, ≪语法讲义≫ 商务印书馆, 1982
朱德熙, ≪语法答问≫ 商务印书馆, 1985
朱德熙, <现代书面汉语的虚化动词和名动词> ≪北京大学学报(哲学社会科学版)≫, 1985
Comrie, Bernard, ≪Language Universals and Linguistic Typology≫, ,Chicago, The University of Chicago Press, 1981
Charles N. Li & Sandra A. Thompson, ≪Mandarin Chinese: A Functional Reference Grammer≫University of California, 1981 (박정구등역, ≪표준중국어문법≫한울아카데미, 1996
Charles N. Li & Sandra A. Thompson, ≪Subject and Topic: A New Typology of Language, Subject and Topic≫ Academic Press, 1976 (李谷城摘译, <主语与主题: 一种新的语言类型学> ≪国外语言学≫, 1984)

Norman, Jerry, ≪Chinese≫Cambridge University Press, 1988
Sapir, Edward, ≪Language: An Introduction to the Study of Speech≫, 1921

찾아보기

중국어 문법론

초판인쇄 2011년 2월 21일
초판발행 2011년 2월 28일

저 자 박기현
발 행 인 이원로
발 행 처 인제대학교 출판부

주 소 경상남도 김해시 어방동 607번지
전 화 055) 320-3767
팩 스 055) 320-3766
출판등록 제 95-6호
http://www.inje.ac.kr

정가 16,000 원

ISBN : 978-89-6620-997-2 93720